《青少年校园足球活动指导书》编委会

顾　问　郭蔚蔚　高　翔

总主编　王崇喜　赵宗跃

编　委　(按姓氏笔画为序)

　　　　王建智（郑州大学）

　　　　王崇喜（黄河科技学院）

　　　　田　剑（河南大学）

　　　　左晓东（郑州大学）

　　　　吕　刚（郑州轻工业学院）

　　　　刘俊凯（河南省基础教育教研室）

　　　　陈　玉（郑州师范学院）

　　　　赵宗跃（河南大学）

　　　　赵超君（黄河科技学院）

青少年校园足球活动指导书　总主编／王崇喜　赵宗跃

青少年校园足球活动指导书
训练篇

主　编　田　剑　左晓东

参编人员（按姓氏笔画为序）
田　剑（河南大学）
左晓东（郑州大学）
吴　磊（河南大学）
李昊桢（郑州大学）
邱　瑞（洛阳外国语小学）
郑　芊（河南大学民生学院）
金雍璨（郑州市16中学）
赵功炎（河南大学）

河南大学出版社
HENAN UNIVERSITY PRESS
·郑州·

图书在版编目(CIP)数据

青少年校园足球活动指导书.训练篇/田剑,左晓东主编.—郑州:河南大学出版社,2017.12

(青少年校园足球活动指导书/王崇喜,赵宗跃总主编)

ISBN 978-7-5649-3118-6

Ⅰ.①青… Ⅱ.①田…②左… Ⅲ.①足球活动－中小学－教学参考资料 Ⅳ.①G634.963

中国版本图书馆 CIP 数据核字(2017)第 320398 号

责任编辑　薛巧玲
责任校对　晓　雪
封面设计　郭　灿

出版发行	河南大学出版社	
	地　址	郑州市郑东新区商务外环中华大厦2401号　邮编:450046
	电　话	0371-86059701(营销部)　网址:www.hupress.com
排　版	郑州市今日文教印制有限公司	
印　刷	河南博雅彩印有限公司	
版　次	2018年1月第1版	印　次　2018年1月第1次印刷
开　本	787mm×1092mm　1/16	印　张　16.25
字　数	273千字	定　价　45.00元

(本书如有印装质量问题,请与河南大学出版社营销部联系调换)

序　言

习近平总书记指出：少年强、青年强则中国强。少年强、青年强是多方面的，既包括思想品德、学习成绩、创新能力、动手能力，也包括身体健康、体魄强壮、体育精神。既把学习搞得好好的，又把身体搞得棒棒的，做到德智体美全面发展，将来成为祖国建设的栋梁之材。强化学校体育是全面推进素质教育、促进学生身心健康全面发展的重要途径，对于促进教育现代化、建设健康中国和人力资源强国、实现中华民族伟大复兴的中国梦具有重要意义。发展青少年校园足球活动作为落实立德树人的根本任务、培育和践行社会主义核心价值观的重要举措和推进素质教育、引领学校体育改革创新的重要突破口，对推动学校体育发展、促进学生全面健康成长、培养德智体美全面发展的社会主义建设者和接班人具有重要的意义。习近平总书记指出：足球运动的真谛不仅在于竞技，更在于增强人民体质，培养人们爱国主义、集体主义、顽强拼搏的精神。我们在推进校园足球的工作中，要充分发挥足球的育人功能，遵循人才培养和足球运动的发展规律，理顺管理体制，完善激励机制，优化发展环境，大力普及足球运动，培育健康足球文化，弘扬阳光向上的体育精神，促进青少年身心健康、体魄强健、全面发展，为提升人口素质、推动足球事业发展、振奋民族精神提供有力支撑。当前校园足球活动蓬勃发展，体制机制不断完善，发展模式不断创新，发展规模不断扩大，社会各界对学校体育在思想观念和认识上有了巨大的转变，目前全国已经建成了2万多所校园足球特色学校。

河南省开展校园足球活动遵循育人为本、重在普及、广泛动员、人人参与、夯实基础、稳步提高的指导思想，青少年参与足球活动的积极性不断增强，足球人口数量不断增加，当前国家级校园足球特色学校已经达到1575所，校园足球活动得到社会的广泛支持与认可。但校园足球的发展还很不平衡，存在着普及面不广、足球课教学质量有待提高、足球训练水平较低、保障能力不足、缺少高质量的技术支持等问题。鉴于这种情况,为了保证我省校园足球活动的持续健康发展,必须进一步健全校园足球管理制度,提高管理人员和足球教师的整体素质,为校园足球工作提供有力的技术保障。为此河南省校园足球工作领导小组办公室组织编撰《青少年校园足球活动指导书》,整套书由教学篇、训练篇、竞赛篇、游戏篇4册组成,以便为校园足球教学、训练、竞赛水平的稳步提高提供有力的技术保障。编写组由在教学、训练、竞赛等方面具有丰富经验的科研人员和大、中、小学足球教师组成,参与编写的同志们本着对学校体育事业的忠诚,努力探索校园足球工作的规律,克服诸多困难,编写力求体现指导性、实用性和创新性,经过不懈的努力,终于完成此套丛书的编写。在此,对他们这种求真务实的精神表示致敬,并祝愿校园足球工作取得更大成绩。

李金川
2017年10月

前　　言

　　加快发展青少年校园足球活动是贯彻党的教育方针、促进青少年身心健康的重要举措，是夯实足球人才根基、提高足球发展水平和成就中国足球梦想的基础工程。为贯彻落实国家六部委《关于加快发展青少年校园足球的实施意见》精神，进一步推动校园足球活动的深入、健康、持续发展，不断提高校园足球的训练水平，我们编写了《青少年校园足球活动指导书——训练篇》。

　　青少年在身体发育、思维水平以及运动能力等方面都存在着巨大的差别。这些差别体现在足球运动能力的发展和训练时，更是表现出各自的特点和不同。能否很好地认识和把握青少年运动能力发展的特殊性，并在足球训练中很好地运用与实施，是关系到青少年身心健康发展和足球运动技能稳定发展的重要前提。鉴于此，本书分别说明各年龄段青少年足球运动员的训练内容与训练手段，以使教练员在足球训练中对青少年不同阶段进行区别对待，为学校足球教练员提供实用有效的内容、方法和手段。

　　为了满足广大校园足球教练员的实际工作需要，本书收集和整理了一些训练计划示例和训练方法示例，作为实际工作的范例进行学习和参考。由于篇幅有限，本书不能够列举太多的示例，只是选择了一些常用的、具有代表性的案例和方法，提供一个方法设计的思路和过程，大家可以根据训练方法设计的要求，改进这些方法，并逐步地学会自己设计符合训练需要的训练计划和训练方法，这是本教材所要达到的目的。同时，本书为部分训练示例配了视频，用手机扫描图旁边二维码即可观看视频。

　　《训练篇》由田剑和左晓东担任主编。第一章由左晓东（郑州大学）编写，第二

章由邱瑞(洛阳外国语小学)编写,第三章由李昊祯(郑州大学)编写,第四章由金雍璨(郑州市16中学)编写,第五章由吴磊(河南大学)编写,第六章由赵功炎(河南大学)编写,第七章、第九章由田剑(河南大学)编写,第八章由郑芊(河南大学民生学院)编写。本书插图的拍摄得到河南威正体育发展有限公司和郑州市16中学的大力协助,在此一并表示感谢。

编者
2017 年 9 月

目 录

第一章 足球训练的目标、任务和内容 ………………………………………（1）
  第一节 足球训练的目标 ………………………………………………（1）
  第二节 足球训练的任务 ………………………………………………（4）
  第三节 足球训练的内容 ………………………………………………（9）

第二章 不同学段足球训练计划的制订 ………………………………………（19）
  第一节 不同学段的学生特点和足球训练要求 ………………………（19）
  第二节 不同学段的足球训练指导思想 ………………………………（22）
  第三节 不同学段的足球训练要点 ……………………………………（25）
  第四节 小学阶段足球训练计划 ………………………………………（29）
  第五节 初中阶段足球训练计划 ………………………………………（38）
  第六节 高中阶段足球训练计划 ………………………………………（48）

第三章 足球基本技术训练 ……………………………………………………（58）
  第一节 足球技术分类 …………………………………………………（58）
  第二节 球性球感训练 …………………………………………………（59）
  第三节 踢、接球技术训练 ……………………………………………（63）
  第四节 运球技术训练 …………………………………………………（81）
  第五节 头顶球技术训练 ………………………………………………（90）
  第六节 射门技术训练 …………………………………………………（96）
  第七节 守门员技术训练 ………………………………………………（103）

第四章 足球基本战术训练 ……………………………………………………（112）
  第一节 进攻与防守战术 ………………………………………………（112）
  第二节 足球战术原则 …………………………………………………（128）

第三节　个人战术训练方法 ………………………………………(133)
　　第四节　局部战术训练方法 ………………………………………(138)
　　第五节　整体战术训练方法 ………………………………………(144)
第五章　体能训练 ………………………………………………………(149)
　　第一节　体能训练概述 ……………………………………………(149)
　　第二节　一般体能训练 ……………………………………………(153)
　　第三节　足球专项体能训练 ………………………………………(166)
　　第四节　青少年体能训练敏感期与生理学特征 …………………(173)
第六章　青少年队员体质测试与档案建立 ……………………………(181)
　　第一节　青少年队员体质测试 ……………………………………(181)
　　第二节　青少年队员档案的建立 …………………………………(187)
第七章　如何做好一名教练员 …………………………………………(191)
　　第一节　教练员的基本素质 ………………………………………(191)
　　第二节　教练员的基本职责 ………………………………………(193)
　　第三节　教练员的基本能力 ………………………………………(195)
　　第四节　教练员在训练中考虑的因素 ……………………………(197)
　　第五节　教练员如何指导一场比赛 ………………………………(203)
第八章　队员的选材及球队的组建 ……………………………………(213)
　　第一节　队员的选材 ………………………………………………(213)
　　第二节　球队组建应考虑的因素 …………………………………(219)
　　第三节　怎样组建学校足球队 ……………………………………(222)
第九章　训练方法示例 …………………………………………………(225)
　　第一节　基本技术练习方法示例 …………………………………(225)
　　第二节　基本战术与体能练习方法示例 …………………………(242)

第一章　足球训练的目标、任务和内容

本章提要：本章对足球训练的目标、任务和内容做了简要概述，并且按照小学阶段、初中阶段、高中阶段分别进行了具体阐释，以帮助不同阶段的足球教练员更加明确不同阶段的训练重点，更好地指导校园足球课余训练工作。

 足球训练的目标

足球训练目标是足球训练过程预期达到的结果和标准，是训练活动的起点和归宿。训练目标支配着训练的全过程，也是明确训练任务、开发训练内容、灵活选择训练方法、科学调控和评价训练过程的依据。

一、小学阶段

（一）6~10岁阶段训练目标

1. 培养兴趣

"与球交朋友"，培养足球兴趣。通过形式多样的游戏和小型足球比赛吸引小学生参与足球运动，培养对足球运动的兴趣，使小学生能够不断体验自己的进步，激发他们继续参加足球训练的动机、兴趣和积极性。

2. 获得球感

通过足球游戏、接近比赛场景的多种形式的训练和小型足球比赛,让每个小学生尽可能多地接触球,感觉球,熟悉球性,获得球感,包括脚不同部位感受球与支配球的技术动作练习,达到每一只脚都能够熟练地控制球的目的。

3. 初步掌握技术

通过足球游戏、多种接近比赛场景的训练和小型足球比赛,初步学习和掌握运球、传球、接球和射门技术,学习和初步掌握头顶球技术和抢截球技术。

4. 了解比赛特点

通过足球游戏、多种接近比赛场景的训练和小型足球比赛,使小学生体验比赛过程及其特点,领会进球与阻止进球的足球基本打法,让他们明白比赛的目的非常简单,就是战胜对手。通过训练和比赛,发展他们的技术、技巧、洞察力和交流能力。

5. 发展基本素质

发展基本运动能力,提高身体协调性、柔韧性和平衡能力等身体素质。

(二) 10～12岁阶段训练目标

1. 保持兴趣

继续激发小学生对足球的兴趣和参加足球训练的积极性。

2. 提高基本技术

通过接近比赛场景的对抗性训练和小型足球比赛的形式,进一步发展小学生的技术与技巧。

3. 技能储备

进一步学习和掌握运球、传球、接球和射门技术,学习和掌握头顶球技术和抢截球技术。提高技术动作的难度,发展技术动作的速率和动作间的连接速度。提高小学生基本技能的储备量。

4. 建立初步战术概念

通过对抗性训练和小型足球比赛,学习足球个人战术、局部战术方法和攻防基本原则,使小学生初步建立足球战术基本概念和足球比赛的时空观。

5. 发展基本素质

发展基本运动能力,提高协调性、柔韧性和平衡能力。

6. 培养比赛态度

继续培养对足球运动的兴趣,发展小学生对足球比赛的积极态度,培养良好的训练和比赛作风,培养他们独立解决问题的能力和勇于承担责任的精神。

二、初中阶段

1. 培养足球兴趣

继续培养初中运动员对足球运动的兴趣,激发他们进一步参加足球活动、学习足球技能的强烈愿望。

2. 提高对抗技艺

注重提高训练的效率和质量,进一步细化技术细节,提高在对抗环境下运用技术、技巧的合理性、实用性和稳定性,完成基本技艺向对抗技艺发展转化的过程。

3. 发展观察力和交流能力

在形式多样的小型比赛中学习个人和小组战术,发展基本技能,重点发展观察力和交流能力。

4. 进一步提高技战术运用能力

提高运动员的对抗技艺,采用11对11正式比赛的形式,针对比赛中的薄弱环节进行指导,提高在更大压力、更快比赛速度和节奏、更大强度的条件下完成技术、战术的能力。

5. 全面发展身体素质

全面发展身体素质.进行一般和专项力量训练、有氧和无氧耐力训练,进一步发展速度素质、灵敏和协调性,发展快速的专项跑、跳技术。

三、高中阶段

1. 树立良好的体育道德，端正比赛态度

培养顽强拼搏的斗志、高尚的体育道德和敬业精神，形成良好的球队作风，在充分展现自我的基础上，通过团队努力去争取胜利，为进入高水平足球比赛打下基础。

2. 进一步提高个人技战术运用能力

提高技术与技巧在比赛中的实用性。全面发展在高速度、强对抗的条件下创造、利用、封锁与控制比赛时的个人战术技巧，重点发展学生运动员具有个性特征的比赛能力。

3. 提高整个球队对比赛的分析能力

对全队战术有关的内容继续进行强化训练。熟悉和适应球队不同的战术组织，完善球队的打法风格。比赛时力求独立、负责、高质量地完成位置职责，巩固个人特长技术，增强团队战斗力，在训练和比赛中力争获得最佳成绩。

4. 全面发展适应高水平比赛需要的身体素质

发展适应 90～120 分钟比赛需要的有氧耐力、无氧耐力、爆发力和快速恢复能力。

第二节　足球训练的任务

一、小学阶段

（一）6～10岁阶段训练任务

1. 技术能力

以球为中心，学习和初步掌握足球控球技术，熟悉球的运动特性（运动中球的方向、高度、飞行轨迹），提高对运动中球的感觉和控制能力（运动中球的力量、速度、地滚球、反弹球、空中来球的控制);学习和初步掌握运球、运球突破技术、运球转身技术;学习传球、接球和射门技术;学习正面和侧面抢截球技术。

2. 战术能力

学习足球基本战术,理解"进球和阻止进球"的比赛基本思想,体会足球个人战术准则和要点,学习射门和阻止对方射门的技巧和方法,清楚比赛进攻的方向。初步学习比赛中如何站位、传球与接应、创造空间、盯人与保护、无球跑动和交叉跑动、掩护球等个人攻防战术。了解比赛进行中,本方在控制球时和丢失球以后应该做什么,怎样做才能进球得分,怎样做才能不失分或者少失分。发展观察力和交流能力。

3. 身体素质

掌握正确的跑跳、急停、起动、转身技术;发展灵敏、柔韧、协调和速度素质。

4. 比赛能力

通过小型足球比赛的形式进行进攻与防守训练。小型足球比赛是一种简化了的足球比赛形式,它既反映了正式比赛的基本特征和比赛时所需要的各种基本技术、技巧、战术意识和战术行动,又涵盖了比赛中发生和存在的基本问题。小型足球比赛是一种渐进的足球训练过程,是运动员逐步走向真正比赛的最好训练手段和方法。

5. 心理素质

培养对足球运动的兴趣,培养获胜的欲望,提高完成技术动作的自信心,发展有助于足球比赛的个性心理特征。

6. 理论知识

初步了解足球规则的基本知识,学习《足球竞赛规则》中涉及比赛开始和重新开始、掷界外球、角球、任意球、罚球点球和球门球的内容。介绍足球战术行为。介绍足球运动的小常识和一般理论知识,介绍体育明星和足球明星成长经历及足球发展简史。

(二) 10~12岁阶段训练任务

1. 技术能力

继续学习和完善运球、控制球、运球过人技术,学习各种运球突破技术、运球转身技术、假动作和掩护球技术;学习地滚球、平空球和高球的接控球技术;完善不同部位的踢球、传球、接球和射门技术;学习和提高1对1个人攻防技术和技巧,进一步发展和提高基本技术和技巧,提高小学生运用技术的实用性、合理性和稳定性,进行技术和技能的储备。

2. 战术能力

初步建立足球战术基本概念,初步建立足球比赛的时空观,通过1对1、2对2、3对3、4对4、5对5和7对7的小型足球比赛,学习和初步掌握足球个人战术、局部战术方法和基本攻防原则;学习和提高小学生运动员在不同比赛环境和条件下克服困难因素,超越足球障碍(包括同伴、对手、比赛场地大小、时间、压力、比赛规则等)的难易程度的能力;学习和掌握比赛中当本方控制球、对方控制球和攻防转换时的一般战术原则。注重发展比赛的洞察力和交流能力。

3. 身体素质

进一步发展速度素质(反应速度、动作速度、起动速度),进行足球专项身体素质练习,但是要遵循间歇性训练的原则。可以与同伴一起进行小强度的力量练习,发展躯干肌肉,培养和提高小学生协调性、柔韧性和身体的平衡能力。

4. 心理素质

继续体验足球运动的乐趣,激发参加足球运动的动机。通过小型足球比赛、接近比赛场景的对抗性训练,培养小学生获胜欲望和自信心,着重培养和提高思维能力和注意力,培养遵守纪律的良好作风和集体主义精神。

5. 理论知识

学习足球竞赛规则和裁判法的主要内容,初步了解足球竞赛规则和裁判法,养成和懂得在比赛中服从裁判员管理的道理和习惯;学习足球基本技术、基本战术和比赛阵型的理论知识;介绍足球比赛阵型、攻守原则;介绍体育明星和球星成长经历;介绍足球发展简史。

二、初中阶段

1. 技术能力

继续完善和提高控球能力,发展和巩固足球基本技术,注重技术细节的训练和指导,纠正技术动作的不足和弱点。学习位置技术,培养和发展运动员独具个性的技术特点,提高比赛中应用技术的准确性和合理性。

2. 战术能力

进一步学习和完善小组进攻和防守战术。小组进攻战术包括:运球与传球、跑位与接应、创造空间、创造射门机会;小组防守战术包括:选位与盯人,保护与补位,人数劣势、人数相等、人数优势三种局面下抢截球的方式与方法。学习与完善定位球攻防战术。学习7人制和11人制正式比赛战术和比赛阵型,发展在比赛时对每一条线和每一位置战术职责和任务的理解,发展提高比赛中观察和交流能力。

学习和掌握小组进攻和防守的基本方法和原则。学习和提高全队整体攻防战术方法和战术原则。提高在不同比赛时刻(本方控球时、对方控球时和攻防转换时刻)、在不同场区(前场、中场和后场)、不同位置(前锋、前卫、后卫)战术行动能力和战术意识。

3. 身体素质

在全面发展身体素质的基础上,以有氧训练为基础,把速度、力量、柔韧、协调、灵敏性与有球活动结合起来,在比赛和接近比赛场景的对抗性训练中发展有氧耐力素质、速度素质和力量素质。在系统地打好有氧耐力素质、速度素质和力量素质的基础上,重点提高爆发力和比赛中结合球的速度能力。

4. 心理素质

培养和发展对足球运动的认知水平,注重发展运动员思维能力。学习自我调节和克服焦虑的方法。提高自信心、责任感和自我管理意识。加强赛前、赛中心理稳定性的训练。

5. 理论知识

提高对足球竞赛规则和足球裁判法的理解,从小建立在比赛中服从裁判员管理的良好习惯。了解足球攻防的基本原则和基本战术知识,提高整体战术意识(进攻、防守、位置感)。了解心理学、生理学的基础知识。了解不良社会习惯对于运动员个人发展的危害,形成良好的生活习惯。

三、高中阶段

1. 技术能力

对比赛和训练中暴露的技术问题和弱点进行纠正和改进。注重技术细节,强调位置技术,突出个人技术特点,完善个人技能。提高在高速度、高强度对抗比赛中运用技术的稳定性、准确性和合理性。

2. 战术能力

通过小型足球比赛和11人制的正式比赛,改进比赛中暴露的问题和弱点。学习全队整体战术和专门战术打法,学习进攻战术、防守战术、攻守转换战术打法(由攻转守时或由守转攻时)。提高在快速激烈比赛中的洞察力、交流能力和应变能力。进一步发展个人战术、局部战术和全队整体的战术意识,提高适应球队不同的战术组织、战术变化的能力。不断增强团队战斗力,形成球队的打法风格。

3. 身体素质

发展适应高水平足球比赛需要的身体素质。在发展全面力量素质的基础上,重点进行起动速度、跳跃、射门力量相关肌肉群的爆发力训练,增强动作灵敏性和协调性训练。身体训练的各个方面都要与高度竞争的足球比赛联系起来。在时间、空间和有对手压力的情况下进行练习。

4. 心理素质

采取多种手段保护和培养学生的训练动机。进行自我调控与自我暗示的训练,培养和提高学生运动员的自信心、思维能力和比赛的心理稳定性。学会控制由竞争引起的焦虑和精神紧张,培养学生运动员的社会责任感。加强对运动员观察和思维能力的训练。

5. 理论知识

提高对足球竞赛规则的掌握和运用能力,掌握整体攻守战术知识,学习比赛战例分析。了解运动医学和训练学有关知识,进行职业队员行为规范教育。

第三节 足球训练的内容

一、小学阶段

(一) 6～10岁阶段训练内容

1. 技术训练

(1) 采用多种形式的有球练习或游戏,激发小学生对足球运动的兴趣。通过学习和不断的进步与成功,提高他们继续参加足球训练的动机和积极性。

(2) 技术训练以控制球为基础,以球门为目标,熟悉球性,学习和掌握脚不同部位控制球的技术和方向感。提高小学生对球的感觉和控制能力,在练习的过程中让他们感觉到球的运行轨迹、方向、高度、速度、力量、反弹,根据不同方向的来球,使用不同的部位、力量和方法控制球。

(3) 通过运球练习,学习基本的运球方法和技巧,学习在有对抗的情况下变速、变向和运球过人的能力。

(4) 采用多种形式的练习和小型足球比赛,学习脚不同部位传球、接球和射门技术。在练习的过程中培养抬头观察和交流的习惯和能力。

(5) 了解头顶球技术和学习抢截球技术。

(6) 采用小型足球比赛。当小队员掌握一定的控球、运球和基本的传球、接球、头顶球和抢截球技术后,可选择多种形式的对抗性训练和小型足球比赛的形式,在对抗的环境中、在小型足球比赛中发展小学生的基本技术和技能,发展和提高小学生在比赛中合理运用基本技能和比赛技巧的能力。

(7) 运用1对1、2对2、3对3和4对4等小型足球比赛的形式,让小学生尽量多地接触球,保证他们在训练中有足够的触球次数,这样才有助于提高训练的质量和效果,使小队员尽快在运动中熟悉球性,提高控球、运球、传球、接球、射门、头顶球和抢截球等技术,提高比赛中合理运用足球技术的能力。

2. 战术训练

(1) 不要过早地确定小学生比赛的位置和强调小学生的位置打法。战术训练的重点是提高他们个人战术应用能力和理解进攻与防守战术的概念。

(2) 通过小型足球比赛,使小学生清楚足球比赛的目标,明确比赛的目标就是进球、战胜对手。理解"本方控制球时,就要积极进攻、进球,对方控球时,就要积极防守、阻止进球,力争夺回控球权"的基本比赛思想。

(3) 战术配合练习应选择简单方式和基础战术要素,如盯人和跑位等概念。

(4) 通过1对1、2对2、3对3、4对4的对抗性练习和小型足球比赛,提高学生个人战术能力,在比赛中学习和提高比赛的洞察力和交流能力,从小养成观察和与同伴配合、交流的习惯的能力。

(5) 逐步了解个人战术行动准则、基本的攻防原则,初步建立基本战术概念。

3. 身体素质训练

(1) 通过各种一般性身体训练(如田径、体操、游泳、跳绳等项目)或借助训练器械和游戏,继续发展小学生灵敏素质和柔韧素质,提高小学生平衡能力、肌肉运动感觉区分能力和空间方位感。

(2) 通过接近比赛场景的对抗性训练和小型足球比赛,提高小学生身体的协调和灵敏素质,提高他们的速度素质和耐力素质。

(3) 协调性练习包括:利用不同的训练器材进行捉人游戏、接力赛、障碍赛、反射练习、平衡练习、韵律训练等。

4. 心理素质训练

(1) 通过接近比赛场景的训练和小型足球比赛的方式,使小学生运动员享受足球的快乐,培养他们对足球运动的兴趣和爱好。

(2) 保持完成训练任务的热情。保持他们的注意力和热情,可以获得最好的训练效果。

(3) 让少年儿童在足球运动中发展自己的个性。

5．智能训练

（1）学习《足球竞赛规则》和《足球裁判法》，了解简单的足球竞赛规则和裁判法内容，如比赛开始、比赛进行及死球、掷界外球、计胜方法、犯规与不正当行为等。

（2）介绍球星成长经历，让小学生运动员从小树立远大的目标。

6．比赛能力训练

通过2对2、3对3、4对4和5对5的小型足球比赛的形式，提高小学生基本技术、洞察力和交流能力，重点提高小学生基本技术。这一阶段的比赛以4对4、5对5比赛和周末比赛为主。

（二）10～12岁阶段训练内容

1．技术训练

（1）以球为工具，采用多种形式的有球技术训练、接近比赛场景的对抗性训练和小型足球比赛，进一步学习和提高运球、控制球和各种护球的能力。学习运球过人和运球假动作技术。

（2）进一步学习不同部位的踢球、传球、接球、射门技术，学习抢截球技术。防守时逼迫对手远离本方球门，阻止对方射门，防止失球。

（3）采用2对2、3对3、4对4的练习和小型足球比赛，在小型比赛中学习和提高传球、接球、射门、运控球、运球过人和运球假动作等基本技术。

（4）学习位置技术，可以让小学生在不同的位置进行比赛，但是不要过早确定他们的位置。

（5）通过4对4、5对5和7对7的小型足球比赛，发展和提高小学生在比赛中合理运用技术的能力。

2．战术训练

（1）学习足球个人战术，注重培养一对一攻守能力。通过比赛领会个人战术要素，如"向球门运球"、"向前传球"、抢截球、紧逼和阻止对方进攻和射门等。

（2）通过简化的小型足球比赛和接近比赛场景的对抗训练的形式，学习在有对手压力的情况下运球过人、运球假动作、传球与接应、创造空间、盯人抢位等个人攻守战术。

（3）学习足球局部进攻与防守战术，学习在以多打少和以少防多的局面下的能力。战术练习尽可能在比赛或接近比赛的环境中进行。通过小型足球比赛和接近比赛场景的对抗训练，使小学生运动员获得更多的比赛经验，以适应不同比赛条件和环境，提升比赛能力。

（4）通过4对4、5对5、7对7的小型足球比赛，提高小学生运动员对足球战术的理解力。了解在不同的比赛时刻（本方控球时、对方控球时和攻守转换时）、不同的比赛区域、不同的位置运动员的职责和任务。提高小学生运动员的技术水平、洞察力和交流能力。通过小型足球比赛积累比赛经验，便于今后向11人制的正式足球比赛全面过渡。

（5）通过小型足球比赛，重点以7对7的小型足球赛，发展小学生运动员比赛的基本技能，这些能力的培养必须联系比赛实际，在有攻防的对抗环境中才能发展。训练中必须最大限度地改善他们的技术、洞察力和交流能力。

3. 身体素质训练

（1）通过有球的练习继续发展小学生运动员的灵敏、柔韧和协调素质训练，注意发展速度和有氧耐力素质。

（2）进行有球和无球的反应速度和奔跑速度训练，使小学生运动员形成正确的跑跳技术。提高速度素质（反应速度、奔跑速度、动作速度）和有氧耐力素质。速度训练主要培养队员的节奏感、反应速度和动作速度。

4. 心理素质训练

（1）教练员要多采用鼓励的方式，培养小队员的自信心和荣誉感，以及对足球运动的兴趣。

（2）培养有助于足球比赛的个性心理特征，培养小学生运动员的观察、感知、想象和思维能力，培养他们的注意力。

（3）培养对自然环境和人际环境的适应能力。

（4）培养对足球运动的兴趣和遵守纪律的良好作风以及集体主义精神。

5. 智能训练

（1）学习《足球竞赛规则》和《足球竞赛裁判法》，了解足球比赛开始、比赛进行及死球、掷界外球、计胜方法、越位、犯规与不正当行为等足球竞赛规则和裁判法的基本内容。

（2）观看足球教学影片和高水平职业足球队的训练和比赛，提高对足球运动的兴趣和观察力。

（3）介绍球星成长经历，使小学生从小树立远大的目标。

（4）学习个人战术行动准则，指导小学生进行交际和交流能力的训练。

（5）介绍足球比赛基本阵型及各个位置的职责和要求。

6．比赛能力训练

通过小型足球比赛，以 4 对 4、7 对 7 小型足球比赛和周末比赛为主。小学生阶段训练的重点是在提高小学生运动员的基本技术的同时，要注重培养小学生运动员对比赛的洞察力和交流能力。

二、初中阶段

（一）技术训练

（1）在巩固和提高足球基本技术的基础上，通过小型足球比赛和接近比赛场景的对抗性训练，提高学生运动员在对抗情况下快速完成技术动作的能力，提高应用技术的准确性、实效性和合理性，完成学生运动员由基本技艺向对抗技艺和比赛技艺发展和转化的过程。

（2）继续提高和完善控球能力的练习。在小型足球比赛和接近比赛场景的对抗训练下进行控制球、运球突破、传球、射门、头顶球、抢截球、护球与转身以及相应的攻防技术练习。

（3）结合比赛中暴露的问题，在小型足球比赛和接近比赛场景的对抗性训练中纠正技术动作的错误和薄弱环节，借助强化训练逐步改进技术，进行"技术储备"。

（4）在 4 对 4、7 对 7 小型足球比赛和 11 人制的足球比赛中完善技术动作细节。在比赛和接近比赛场景的对抗性训练中掌握和应用技术，发展与全队战术有关的比赛技术与技巧，注重发展学生运动员特长技术和位置技术。

（5）通过各种形式的比赛和接近比赛场景的对抗性训练方式，提高学生运动

员在错综复杂的比赛环境中正确选择和运用技术的能力。

(6) 提高对抗局面下技术的应用能力,提高学生运动员完成技术动作的节奏和速度,培养和发展学生运动员个性鲜明的技术特点和风格。

(二) 战术训练

(1) 通过 4 对 4、7 对 7 等小型足球比赛和接近比赛场景的对抗性训练,在培养和提高学生运动员对抗性技艺的基础上,重点发展他们的观察能力。

(2) 提高学生运动员 1 对 1 个人攻防能力,提高局部攻守战术,包括传球与接应、传切配合及各种形式的二过一、连续二过一等战术配合。

(3) 通过比赛和接近比赛场景的对抗性训练,熟练局部攻守战术(2 对 2、3 对 2、3 对 3、4 对 3、4 对 4 的攻防训练),巩固和发展传球与接应、盯人、紧逼与保护、创造和利用空间、控制与封锁空间等,创造射门机会的局部攻防战术。

(4) 由小型足球比赛逐步过渡到 11 人制的正式比赛。发展学生运动员对比赛的理解力,重点学习提高比赛三个重要时刻(本方控球时、对方控球时、攻守转换时)的行动准则和方法。清楚在不同场区、不同时刻、不同位置、每条线和每一位置运动员应该采取的战术行动和行为准则。

(5) 11 人制比赛以 4—4—2 阵型为基本阵型,4—3—3 阵型、3—5—2 阵型、3—4—3 阵型作为了解比赛阵型基本知识、丰富战术打法、提高实战能力的辅助阵型。

(6) 通过 11 人制的正式比赛,学习全队进攻战术,包括中路进攻、边路进攻、转移进攻、中边路渗透和控制比赛节奏等。

(7) 通过 11 人制的正式比赛,进行全队防守战术练习,中前场逼迫式防守、逐步回撤防守、快速回收密集防守等。

(8) 通过小型足球比赛和 11 人制正式比赛中暴露的问题,在对抗局面和接近比赛场景训练下纠正战术行动的错误和薄弱环节。

(9) 小组局部防守战术,包括人数劣势下、人数相同时、人数优势下三种局面的队员之间的位置及抢截球的方式与方法。

(10) 罚任意球、踢角球、掷界外球、罚球点球、踢球门球、比赛开球等定位球攻守战术。

(三) 身体素质训练

(1) 结合足球比赛的特点和需要,运用各种练习器械,采用多种形式的有球和无球的训练,发展运动员速度素质、灵敏素质和协调性。

(2) 各种反应和起动速度练习。采用短距离冲刺跑和连续跳跃,发展运动员速度素质和力量素质,重点发展学生运动员快速起动速度和爆发力。

(3) 运用小场地的传抢练习和快速地运球、传球、接球和射门练习,提高学生运动员完成技术动作的速度。

(4) 结合比赛的要求,利用定时跑、间歇跑、变速跑发展学生运动员有氧耐力素质,训练时逐一控制跑动距离、速度和间歇时间。

(5) 进行变速跑、折返跑和小场地限时传抢等练习,提高学生运动员无氧耐力素质,训练时注意控制练习的强度、组数和间歇时间。

(6) 结合有球练习开始进行系统的力量训练。

(7) 根据队员不同的需求,组织有针对性的个体身体训练。

(8) 借助游戏和技战术训练全面巩固身体素质。

(四) 心理素质训练

(1) 提高学生运动员的观察和思维能力。

(2) 培养勇敢、坚毅、果断、独立、自制等意志品质。

(3) 提高学生运动员适应各种比赛环境、条件能力和心理承受能力。

(4) 培养专项所需的注意能力(适度的分配、广度和集中能力)、观察能力、思维能力、应变能力。进行赛前、赛中和赛后的心理训练和调节能力,强化责任意识。

(5) 自我控制与自我暗示训练,增强自信心的训练及观察和思维能力训练。

(6) 进一步培养自信心,激发争强求胜的欲望,引导队员形成正确对待胜负的价值观。

(五) 智能训练

(1) 继续学习《足球竞赛规则》和《足球竞赛裁判法》,提高运动员对足球竞赛规则和足球裁判法的理解和运用。

（2）讲授现今足球运动发展趋势及其技战术特点，学习理论知识，定期进行比赛分析和战例分析。

（3）结合实战分析，传授全队攻守战术理论。

（4）介绍和足球运动密切相关的运动解剖、运动生理、运动心理、营养、卫生和医务监督知识。

（5）学习定位球攻防战术。

（6）培养运动员积极进取、拼搏向上的精神。

（六）比赛能力训练

（1）参加4人制比赛，在比赛中重点提高学生运动员1对1个人攻防技战术能力和小组攻防能力。

（2）参加7人制比赛，通过比赛提高学生运动员个人、小组攻防技战术能力，基本技术，洞察力和交流能力，重点提高运动员洞察力和交流能力。

（3）参加11人制比赛，了解不同的比赛阵型，建立个体在阵型中站位的意识，初步掌握不同的打法和战术思想，提高比赛意识。以周末赛为主，可进入大区赛和全国范围内比赛。

三、高中阶段

（一）技术训练

（1）在巩固小学阶段、初中阶段足球技术的基础上，进一步巩固和完善技术，突出个人技能特点，提高运用正确技术的合理性、实用性，重点提高学生运动员在比赛中合理运用技术的能力。

（2）按照现代足球比赛特征和对运动员技术的要求，改进和提高学生运动员技术细节。强化完成技术动作的速率，提高学生运动员技术的精细化和自动化程度。

（3）提高运动员位置技术，位置技术包括队员的位置要求、比赛中节奏的调整、对场地空间的划分、防守的位置、防守中的保护、对抗和延缓进攻等。

（4）小组对抗训练是技术训练的基本组织形式，练习的内容、练习的基本要求要与现代足球技术特征和要求相一致。

（5）通过教练员的正确指导及小型足球比赛和接近比赛场景的对抗性技术训练，可以有效地改进学生运动员的技术能力。

（6）现代足球比赛是在高速度下进行的，为不断地提高运动员技术水平，适应比赛的需要，训练中要加大训练难度和要求。培养他们在高速度、强对抗的比赛条件下合理运用技术的能力，保持其技术的准确性、稳定性。

（二）战术训练

（1）继续加强不同位置和各条线的战术能力训练。

（2）全队战术训练强调进攻的多样性、创造性和防守的目的性、实效性。

（3）通过比赛发现问题，在训练和比赛中纠正战术弱点，积累比赛经验，形成良好的洞察力、交流能力和应变能力。

（4）为满足更高水平比赛的需求，全面发展在较高压力下创造与利用、封锁与控制比赛时空的个人战术、小组战术与全队战术能力。

（5）结合实战提高整体性战术、专门性战术和攻守战术、攻守转换（由攻转守或由守转攻）战术等。

（6）提高对比赛的分析能力。比赛时要在全队打法的指导下，力求独立、负责、高质量地完成位置职责的能力。

（7）理解比赛阵型的特点，发展局部和整体战术意识，通过11人制正式足球比赛，提高对抗局面下的洞察力、交流能力和整体技战术的应用能力。

（三）身体素质训练

（1）发展足球专项体能。提高体能训练的专项性，使学生运动员具备适应90～120分钟比赛需要的专项体能要求。

（2）在保持大强度的速度、有氧耐力、反应速度、协调性专项练习的同时，还要增加大强度的无氧耐力训练和最大力量训练。其中无氧耐力训练和最大力量训练是重点。突出发展适应高水平比赛需要的爆发力和快速恢复能力。

（3）在发展最大力量的同时，要注意发展肌肉的协调性，发展快速力量。

（4）根据队员个体和位置的需要，组织个体化身体训练。

(四) 心理素质训练

(1) 采取多种手段保护和培养学生运动员的训练动机。

(2) 培养学生运动员的自信心和观察、思维能力。

(3) 提高学生运动员比赛的心理稳定性,学会控制由竞争所引起的焦虑和精神紧张。

(4) 明白团队是训练组织的一部分(学校或俱乐部),培养学生运动员的社会责任感和对球队的忠诚度。

(五) 智能训练

(1) 提高对《足球竞赛规则》和《足球裁判法》的掌握和运用能力。

(2) 讲授整体攻守战术知识。

(3) 进行比赛战例分析。

(4) 介绍与训练相关的运动医学和训练学知识。

(5) 进行职业队员行为规范教育。

(六) 比赛能力训练

以11人制正式比赛为主,深入了解比赛阵型,知道不同阵型和不同战术的区别,根据比赛需要能变换不同阵型进行比赛,在比赛中提高竞技能力,有自己擅长的位置和技能特点。同年龄段可以组织主客场的比赛引导队员认识比赛级别,营造更加专业的比赛氛围。

第二章 不同学段足球训练计划的制订

> **本章提要**：本章就小学、初中和高中学段学生的年龄特点和训练要求进行了分析阐释，在此基础上对不同阶段足球训练文件的制定提出了参考意见，并提供了小学、初中和高中学段的年度训练计划、阶段训练计划、周训练计划和课时训练计划四种类型的训练文件，供老师们借鉴参考。

 不同学段的学生特点和足球训练要求

一、小学——基础训练或基本技艺阶段

小学阶段是学习足球基本技术与技巧、发展个人足球技能和潜力的最佳时期。这一时期，不仅要发展队员的足球基本技术和技能，还应注重发展运动员比赛的感知和球场意识（特定比赛局面的球场意识）。运动员要想有效地比赛，必须依赖他们识别特定比赛局面的球场意识，这些比赛局面是战术思维和战术行动的唯一支撑点。

小学阶段的足球训练从最初接触足球活动开始，逐步发展到初步学习和掌握足球基本技术、技巧和基础战术，提高运动员基本比赛的竞技能力。由于时间跨度比较大，学习和训练时间比较长，一般又将这一时期分为2个阶段，即6～10岁，为初学阶段或称启蒙训练阶段，10～12岁，为基础训练阶段或称为基本技艺阶段。

在世界优秀足球职业运动员成长历程中,小学足球训练阶段(6~12岁),即初学阶段(启蒙训练阶段)和基础训练阶段(基本技艺阶段)的训练,对运动员今后的成长起着至关重要的作用。

6~8岁的孩子,身体发展存在特殊性和个体差异。如骨骼易变形,肌肉群没有完全发育,肌肉力量较小,不能过分负重。心血管系统功能发育不完全,神经系统兴奋与抑制过程不均衡,兴奋占优势,容易扩散,参加活动的时间不能持久,易疲劳。他们喜好跑动,喜好竞争,爱嬉闹,高度敏感,注意力集中的时间不长,盲目地追求成年偶像。比赛时喜欢以球为中心,以我为中心,没有配合意识。在比赛中最典型的现象就是所有参加比赛的孩子都以球为中心,都想要球,而且拿球以后很少传球。比赛时只注重进攻,很难让他们在后面防守,没有位置概念。经过一段时间的训练后,他们控球能力得以提高,踢球、传球的目的性增强,接球、运球和射门技术也有所改进。这时候队员之间的配合问题应该引起教练员注意,如果不注重配合,他们的足球能力的发展将会受到很大程度的限制。

8~10岁的孩子,骨骼、肌肉系统和心血管系统发展较平稳,但仍然处于较低水平。他们的配合意识明显改进,能够较长时间参加一个专门练习,控制球的能力也有明显的改进,是掌握足球基本技术与技巧的最佳年龄。他们练习技术与技巧更有目的性和自觉性,这一阶段的战术配合练习应选择简单的方式和基础的战术要素,诸如盯人和跑位等概念,这更便于他们理解。

10~12岁时,他们的身高、体重明显增加,肌肉、骨骼力量迅速增长,心血管系统功能有明显提高,神经系统兴奋与抑制过程达到了一定程度的均衡。随着身体和技能的发展,他们渴望学习新的技巧和技能,希望得到教练员、家长和朋友的认可和承认。这一阶段队员喜欢拿自己和别人比较,开始把追求目标与全队联为一体。能够控制个人行动,也具有努力改善全队比赛水平的强烈愿望。他们已具备一定的比赛技巧,训练与比赛的重点应在继续学习和发展足球基本技术和技巧的基础上,注重培养比赛的洞察力和交流能力。比赛中运动员必须习惯于场地的大小、简单的比赛规则、比赛阵型等。其中最重要的是:应清楚当本队和对方控制球时的一般战术原则。

二、初中——逐步提高或对抗性技艺阶段

初中阶段是运动员基本技术与技巧、战术、身体、智力等方面快速发展和成熟的时期,是运动员在小学训练阶段学习和掌握足球基本技艺的基础上向对抗性技艺发展和转化的重要阶段。这一阶段运动员已基本掌握了小学年龄阶段应该掌握的技术与技巧,个人战术意识也得到发展,观察比赛的能力和交流能力增强。教练员和教师应该向他们提出位置职责方面的要求,运动员应该清楚每一个位置的比赛职责,通过比赛逐步强化运用这一能力。

12~14岁的孩子正处在生长高峰和身体发育的关键时期,开始走向青春期。随着运动员年龄的增长,身体形态的发育也产生了变化,具有波浪式和阶段性特点。随着运动员身体形态的生长发育,运动员实际年龄与生理年龄存在着差异,运动神经系统发展不稳定,情感表现强烈,精力旺盛,容易冲动。认知水平和身体发育水平还没有达到相匹配的发展程度,容易过高估计自己,以至于不能达到预期的目的。此阶段青少年肌肉协调功能受到影响,反应速度下降,平衡能力不如以前稳定。因此,教练员要采用特殊的训练方法和手段加以控制和调节,否则,他们将会失去对训练的兴趣。

14~16岁,随着孩子身高的增长,骨化过程旺盛,肌肉长度和横断面增大,肌肉力量明显增加。运动员对力量和耐力的承受力有所增强,但是对肢体的控制能力明显下降,适当的生理负荷有利于骨骼和肌肉的生长发育。

比赛中孩子们把取胜看得更重要,对迅速提高自己的运动能力表现出强烈的愿望和追求。他们充满自信,喜欢把自己的能力与其他人进行比较。这一阶段运动员比赛的能力增强,比赛的速度更快,比赛中盯人更紧,对抗能力更强,在这种情况下,尤其要学会适应压力和失败,而不应总体验成功。要教育他们必须把个人能力融于全队中,必须服务于全队战术的需要。

三、高中——全面发展或比赛技艺阶段

高中阶段是运动员竞技能力快速发展、由对抗性技艺向比赛技艺发展和转换的重要阶段,同时也是决定运动员能否进入更高竞技领域即由业余训练进入职业足球生涯的重要阶段。高中阶段以后,运动员神经系统的发育已经完成,大脑的结

构和机能已达到成人的水平,兴奋与抑制过程基本平衡。感知能力有很大程度的提高。虽然运动员知觉随着年龄的增长和运动实践的体验而提高,但是运动知觉还必须经过一定的运动动作的训练和练习,才能逐步分化为精细的、准确的运动知觉。这个阶段的运动员常希望别人把他们当作成年人看待,他们已具备理解较高层次技术和战术的能力。认知能力和思维能力表现较强,情绪、情感逐步稳定,自我意识比较强,有独特的个性,注重成果和表现自己,往往对自己有较高的评价。但有时他们也表现出不成熟,缺乏信心,不能客观地评价自己和别人的弱点。

这一阶段运动员在小学、初中足球训练阶段打下的技术、技巧、战术和运动能力的基础,要进一步地细化和巩固。运动员必须清楚自己作为球队整体中的一部分的位置、作用和职责。训练和比赛要有机地结合起来,高水平的技战术能力必须在高水平、高要求的竞争体系的范围内才能达到完美的程度。运动员必须学会应付来自场内外的压力,使运动员在身体素质、心理、智力等方面适应各种比赛环境和条件的要求,为将来提高足球比赛水平做好准备。

 不同学段的足球训练指导思想

一、小学阶段

培养足球兴趣、学习足球基本技术、发展足球基本技艺是小学足球训练阶段的重要工作。培养孩子们对足球浓厚的兴趣,让孩子们体验足球比赛的乐趣,了解足球比赛的基本方法,学习足球基本技术、技巧和基础战术,初步体验对比赛的感性认识,提高运动员一般性身体运动能力。

1. 6~10岁阶段足球训练指导思想

6~10岁,初学足球训练阶段,应该用小规模的、简单的小型足球比赛的方式进行。这些小型足球比赛的规则应尽量简单,场地大小和人员的配置要与这个年龄阶段儿童的自身能力和实际水平相符合。让孩子们清楚大型比赛的复杂性,同

时清楚小型足球比赛和正式足球比赛一样,目的非常明确和简单,就是战胜对手。让孩子们在小型足球比赛中适应不同的比赛环境和条件,获得更多的比赛经验。

6～10岁儿童足球的训练重点是游戏和小型足球比赛。在训练中通过游戏、多种形式接近比赛场景的训练和简单的小型足球比赛,给孩子们自由活动的空间,去多做技术尝试,让孩子们充分发挥想象力和创造力。小型足球比赛是一种简化了的足球比赛和训练的基本形式,也是让儿童体验足球乐趣的最佳方式。这一阶段的训练中,教练员和教师应让他们通过小型足球比赛去适应不同的比赛环境和条件,积累更多的比赛经验。教练员和教师在适当的时候要多给孩子们鼓励和赞赏,而不应该给予他们过多的纠正和指责,要允许孩子们在没有指导的情况下进行尝试和犯错误,在没有任何外力强迫的情况下踢球。

2. 10～12岁阶段足球训练指导思想

10～12岁,是运动员学习技术、技巧的最佳年龄阶段,是学习和发展足球基本技术、基础战术和基本技能的关键时期。这一阶段随着他们身体的生长发育,身体各个方面的发展都比较均匀、协调,技术、技巧也得到一定程度的进步和提高。他们渴望学习和掌握新的技术和技能,学习不同的技术、战术和知识。如果这一阶段不能抓住时机,去学习和掌握正确的基本技术、技巧和技能,那么他们就有可能失去进一步发展的基础。因此,要充分利用青少年儿童足球技术和技巧发展"敏感期",在进一步发展运动员球感、完善控制球能力的基础上,提高运动员基本技术和技巧,要注重发展技术动作的速率和动作间的快速连接。学习足球战术知识,在全面发展个人战术行动的基础上,学习小组攻守战术。这一时期,教练员要鼓励运动员在训练和比赛中多尝试不同位置。这一阶段运动员个人的技术、技巧的发展要比比赛结果更为重要。

二、初中阶段

初中足球训练阶段,主要通过对抗性训练和小型足球比赛不断改进与提高运动员在对抗局面下控制球和运用攻防技术、技巧的能力,提高运动员在比赛中运用技术和战术的合理性、实效性和稳定性。借助于强化训练改进技术细节,在对抗训练和比赛中进一步增强和丰富技术"储备",完善位置技术和特长技术,完成个人基

本技艺向对抗技艺的全面转化。培养运动员正确的攻防态度,提高和完善个人小组战术配合的能力,学习和基本掌握定位球攻守战术,建立足球比赛的整体概念,做好个人战术、小组战术行为向全队战术行为发展的准备。通过专项体能训练和比赛提高运动员有氧耐力素质、速度素质和力量素质,重点提高爆发力及结合球的速度能力。发展运动员自信心、责任心和自制力,发展运动员特长技术。

通过设计简单或复杂的训练场景,训练运动员小组战略和战术是非常重要的。比赛应逐步由小场地过渡到11人制比赛。通过比赛提高运动员在比赛中应用技术的能力。发展对抗性技艺,改进与提高运动员个人战术、局部战术、理解比赛阵形和掌握全队战术基础知识。在比赛中运动员必须清楚,在本方控球时、对方控球时和攻防转换时(由攻转守或由守转攻时),在不同场区、不同位置的职责和任务,懂得应该做什么。因此,教练员安排训练时必须通过观察了解运动员在比赛中的表现和在比赛中存在的问题和不足。设计训练方案和计划,采用多种接近比赛场景的训练、小型足球比赛和11人制比赛,在有对抗训练条件和环境中、在实际比赛中巩固和发展运动员的优势,改进比赛技术、技巧和战术能力的不足。通过小型足球比赛和11人制的正式比赛,使运动员个人战术、局部战术向全队战术发展过渡。

三、高中阶段

高中足球训练阶段,进一步培养运动员的体育道德和敬业精神,形成良好的训练、比赛作风和责任感。为满足更高水平比赛的需求,提高每一次训练课的质量和效率,以精益求精的态度改进技术和战术,完善技术细节,强化技术特点。巩固和提高个人战术、小组战术和全队整体战术和专门战术。提高运动员控制比赛节奏的能力,通过各种形式的比赛积累比赛经验。全面发展在高速度、强对抗的比赛环境中创造与利用时空、封锁与控制比赛时空的个人战术技巧。发展运动员在全队战术打法的指导下,力求独立、负责、高质量地完成技术、战术任务和职责。发展运动员个人特长技术,鼓励运动员的独立性、创造性和冒险性。在全面发展身体素质的基础上,注重起动、跳跃、射门等相关肌肉群力量的训练。加强速度耐力、速度力量训练,继续进行灵敏性和协调性训练,以适应高速度、强对抗比赛对运动员身体素质的要求。要培养良好的比赛心态和心理,提高运动员比赛纪律和责任感。

高中阶段的足球训练应着重建立一个与实际比赛相符合的、快速激烈的竞争氛围。教练员安排训练必须在比赛的环境中,在高速度、强对抗的条件下进行,才能达到理想的训练效果。系统性的技术训练和完善技术细节的训练必须考虑高速度、强对抗和实际比赛的因素,符合现代足球比赛特点的要求,不符合实战的训练是无效的训练。因此,训练中要符合现代足球比赛的特点和要求,根据运动员的不同位置和个人特点进行个性化训练,不断提高运动员技战术能力。

第三节 不同学段的足球训练要点

一、小学阶段足球训练要点提示

1. 正确的训练指导

小运动员最好是尽早地参与训练并得到正确的指导。教材提供的是指导性意见,教练员可以根据教材的内容和小运动员的年龄、水平的实际情况,选择具体的训练内容和方式。

2. 合理的训练内容与方法

错误的指导和过度的训练是危险的。小运动员想做什么比教练员要求他们做什么更重要。教练员要保护小运动员训练的新鲜感,保护他们参加足球训练的热情和兴趣,激发他们练习的自发性和主动性。小运动员的需求与期待是选择训练内容和方法最主要的依据。

3. 发展决策技能

传统的训练方式中,教练员过多地强调了技术与技能的教学与训练的作用,其代价是妨碍了传授和练习战术技能发展所需要的关键因素:决策技能的发展。学习技术与技能占用了大部分练习时间,而这样的练习常常减少了运动员自己思考和决策。组织恰当的技术练习对技术的发展是有价值的,但是,实战经历通常对技术和战术技能的发展更为有利。

4. 熟悉球性,获得球感

充分理解小学阶段"球是目标"和"与球交朋友"(人与球是陌生的)的含义。安排小学年龄组训练时,要以小运动员更多地接触球为目的,采用多种形式的训练,使他们熟悉球性,达到熟练地控制球的目的。

5. 接近比赛要求的技术练习

从开始学习足球技术起,就尽可能地以小型足球比赛、接近比赛场景的训练和近似比赛的游戏为背景。单纯的技术练习也要尽可能符合比赛的特点要求,最终回归到比赛的环境中去。少年儿童早期足球训练,学习技术动作的实用性比规范性更有意义。

6. 接近比赛要求的战术练习

战术练习尽可能地在小型足球比赛或接近比赛场景的对抗环境中进行。通过训练和比赛发展运动员足球竞技能力(T.I.C的能力,即技术、洞察力、交流能力,重点发展运动员技术能力)。

7. 借助小型比赛形式发现比赛的目的和目标

青少年运动员是通过发现比赛目的和目标来学习踢足球的。借助4对4比赛及其变化方式来达到学习目标和目的是一种非常理想的训练构架。它既反映了比赛的基本特征,也涵盖了足球比赛所有的关键因素(技术与技巧、身体能力、比赛的洞察力、与同伴和对手的交流)。每位参加比赛的队员都有大量的接触球的机会,比赛中他们必须面对并解决大量的足球问题。这是一种典型的比赛局面。比赛中有更多的进球机会和激动人心的场面,是一种符合小学年龄阶段运动员训练的最好形式。

8. 培养识别特定比赛局面的足球意识

运动员要想有效地比赛,必须依赖他们识别特定比赛局面的球场意识,这些比赛局面是战术思维和战术行动的唯一支撑点。运动员必须清楚,本方控制球、对方控制球和控球权发生变化时的不同场合的职责和任务。而这些能力的培养必须联系比赛的实际,在有攻防对抗的条件下和环境中才能发展。

9. 结合比赛实际进行身体素质训练

即使是身体素质训练也应该尽可能多地结合接近比赛场景的对抗性训练和小型足球比赛的形式来练习。

10. 教练员的榜样作用

教练员需要给运动员做出良好的榜样：友善、公平、准时、热情、尊重裁判员、尊重对手和工作人员，积极推行公平竞赛。心理影响无处不在，良好的训练就是持续不懈地提供积极正面的心理影响。

二、初中阶段足球训练要点提示

1. 提高对抗环境下技术的运用能力

正确理解"球是工具"和"比赛是工具"的含义（人与球已经熟悉起来）。通过比赛学习和完善足球技术，特别是防守技术和特色技术。尽快使运动员基本技艺向对抗技艺转化，提高运动员在比赛中应用技战术的能力。这一阶段侧重在7对7的小型比赛中发展运动员的对抗技艺和技能，完成运动员基本技艺向对抗技艺的转化。

2. 发展运动员的自信心

青少年训练的过程是学习的过程。在学习过程中的失误或者失败都是正常的，都不是错误，应该看成是学习过程中经验的累积。教练员要在运动员学习的过程中通过不断的学习和赞扬，鼓励运动员，发展运动员的自信心。

3. 不断改进技术细节

青少年通过训练完善技能的过程，就是不断改进动作细节的过程。"重复是完美的前提"。每一次重复训练都应该是前一次训练基础上的提高和升华，教练员要通过不断的重复来改进运动员技术动作的细节，提高运动员比赛中应用技术的准确性、实用性和合理性。

4. 发展个体特长技术

个体化指导是该年龄组训练的特点。对有特点和特长的运动员，对他们的特色技术和位置技术都需要进行个别指导和分组训练。要针对他们比赛中的薄弱环节和发现的问题，通过正确训练和指导加以改进，然后再回到比赛的实践中去进行检验。

5. 学习掌握基本职责和要求

在比赛中学习和掌握每一条线、每一具体位置运动员的行为准则、职责与要求。

6. 初步形成球队的技战术特点

学习和了解比赛不同时段（本方控球时、对方控球时、攻守转换时）、不同场区、不同位置运动员的职责和任务，初步形成球队的打法风格和技战术特点。

7. 结合比赛场景发展速度和灵敏素质

发展速度素质和灵敏素质是该年龄段身体训练的重点，训练时应尽可能结合球和比赛的情景进行。

三、高中阶段足球训练要点提示

1. 提高训练的效率

训练的过程就是对运动员施加影响的过程。教练员要周密地设计和组织，通过有效的训练和正确的指导，使运动员在每次训练中获得积极的影响。

2. 选择合理的组织形式

训练的组织形式是教练员为运动员搭建的平台，运动员可以充分展现自己的选择。教练员的职责是引导和帮助队员做出更合理的选择。

3. 发展实际比赛能力

正确理解"比赛是目标"的含义，使运动员或球队各方面的能力转化为实际比赛能力，争取每一场比赛的胜利，是该年龄组训练的目标。

4. 不断完善个人技战术特点

在比赛的情景中不断完善技术细节，鼓励个性技术特点的发挥和应用。进一步发展位置技术是该年龄组技术训练的重点。

5. 进一步完善全队整体战术能力

通过比赛或接近比赛场景的对抗性训练环境进一步完善全队整体战术，适应球队不同的战术打法的需要，增强局部和团队战斗力。

6. 按比赛要求进行身体训练

身体训练尽可能结合球以及比赛的要求进行组织。

7. 不断增强运动员的自信心

不断给予运动员心理支持,鼓励运动员向更高水平迈进,引导他们独立地平衡个体与团队之间的利益的能力。

 小学阶段足球训练计划

小学阶段的足球训练是一个认识足球、了解足球运动、初步掌握基本技术的一个过程,也是一个认知和打基础、学习基本技艺的过程。这个过程对小学阶段的足球队员来说是一个关键的时期,是一个不可忽视的阶段。

一、年度训练计划

年度训练计划是指在一个自然学年时间周期内,划分不同的训练周期,为一年的比赛训练制定的周期性计划。首先,要考虑一年的周期时间,确定训练时间;其次,要明确足球训练的目的与任务。

小学阶段训练计划的制订应考虑以下几种主观和客观因素。

(1)要考虑年龄阶段的身体发育特点和心理成长的规律;选择合适、有针对性的训练内容;明确指导思想,树立训练目标。

(2)通过训练让孩子们享受到足球带给他们的快乐,培养对足球运动的兴趣。

(3)通过多种形式让孩子们熟悉球性,达到控制球的目的。

(4)初步掌握足球的基本技术,了解并能简单运用足球的基本技术,知道基本"五人制"比赛的战术。

(5)知道足球运动个人和整体的关系,认识到基本的战术方法和战术原则(表2-4-1)。

表 2-4-1　年度训练计划示例

月份	3	4、5	6	7、8	9、10	11
周期	准备期	比赛期	间歇期	准备期	比赛期	过渡期
训练时数、次数、训练任务	36小时24课 1. 各种足球游戏 2. 速度、灵敏、协调 3. 颠球、控球、传球技术 4. 小型战术：1对1、2对2 5. 通过练习比赛，确定比赛队员	44小时22课 1. 培养对足球运动的兴趣和集体主义精神及遵守纪律的良好作风 2. 比赛期间保持身体技术练习 3. 比赛重点提高队员个人控球和传球能力 4. 小组比赛后进行一周调整	22小时22课 1. 减少训练时数，降低训练量 2. 多采用游戏换项训练	66小时44课 1. 足球游戏 2. 提高队员的灵敏、协调、速度 3. 增加对抗训练，提高传接球技术 4. 小型战术2对2、3对3、4对4	44小时22课 1. 保持队员的注意力和热情 2. 保持一定的身体、技术训练 3. 提高传接球技术、个人技术 4. 进一步提高个人在对抗情况下的技术 5. 决赛阶段比赛后进行一周调整	22小时22课 1. 放假15天 2. 采用多种项目训练进行恢复
各项训练的百分比　一般身体训练（%）	20	10	40	10	10	40
专项身体训练（%）	20	20	20	30	20	20
技术（%）	40	35	30	40	35	30
战术（%）	15	20	10	15	20	10
比赛	5(4场)	15(12场)		5(4场)	15(12场)	

（一）队伍的诊断及制订计划的依据

队伍的诊断及制订计划要依据以下五个方面：(1) 球队概况。(2) 身体素质方面。(3) 技术方面。(4) 战术方面。(5) 心理方面。

（二）训练目的、任务和预期目标

1. 目的和任务

(1) 注重对运动员进行体育道德和敬业精神的教育，树立勤学苦练、积极钻研的训练作风及良好的比赛作风。

(2)熟练掌握足球基本技术,尽量通过有目的的对抗游戏来达到技术训练的目的和要求,并注重提高完成动作的速度及准确性。

(3)让运动员了解同伴和对手是构成足球比赛战术的最基本的内容,在学习5人制足球比赛的训练中启发队员去主动发现比赛中的问题,寻找解决问题的答案。

(4)在全面发展身体素质基础上,进一步提高速度、爆发力及协调性。

(5)继续加强心理素质训练。

2. 预期目标

(1)把运动员的身体素质、技术、战术、心理四个主要方面调整到最佳状态进入比赛。

(2)明确任务和目标。

(三)训练周期的日期及时间安排

全年训练周次为36周,训练时数为230~240小时,全年分为双训练周期,从本年度3月1日开始至11月30日。

1. 第一周期

(1)准备阶段4周,从3月1日开始至3月31日。

(2)比赛阶段8周,从4月1日开始至5月31日。

(3)间歇阶段4周,从6月1日开始至6月30日。

2. 第二周期

(1)准备阶段8周,从7月1日开始至8月31日。

(2)比赛阶段8周,从9月1日开始至10月31日。

(3)过渡阶段4周,从11月1日开始至11月30日。

(四)身体素质训练、技术训练、战术训练和比赛的比例安排

1. 身体

(1)身体素质训练:17%。

(2)专项身体素质训练:23%。

2. 技战术

(1) 技术训练:36%。

(2) 战术训练:16%。

3. 实战

竞赛:8%。

(五) 训练的基本任务和内容

1. 提高队员训练作风与比赛作风

(1) 初步建立组织纪律意识。

(2) 知道训练要求。

(3) 明确体育道德作风。

(4) 培养顽强比赛作风。

(5) 认识比赛纪律。

2. 提高队员的全面身体素质,重点发展速度、灵敏、协调、爆发力等素质

(1) 学习掌握跑的正确技术。

(2) 提高速度所需要的肌肉力量。

(3) 提高完成各种技术动作所需要的灵敏、协调能力。

(4) 将足球技术与身体素质紧密地结合在一起。

3. 全面提高队员的基本技术(重点是传接球技术),逐步发展队员个人技术特长

(1) 提高对抗条件下的控球能力。

(2) 正确掌握传接球技术。

(3) 提高技术的临场运用能力。

(4) 注意发现队员特点加以培养。

4. 提高队员的战术能力,重点是个人战术和局部战术

(1) 明确个人攻守的职能、进攻和防守原则。

(2) 提高个人战术意识和局部1对1、2对1、3对2能力。

(3) 确定基本阵容,初步形成2对2、1对3、3对1的基本打法。

(六) 完成训练计划的主要方法手段

1. 身体训练手段

身体训练主要采用高抬腿跑、后蹬跑、跨步跑、各种起动跑、加速跑、哑铃快速挺举、蛙跳、多级跳、抛接实心球等形式。

2. 技术训练手段

主要以对抗条件下的技术训练为主。

3. 战术训练手段

采用2对1、2对2、3对2、4对4的对抗攻守,半场攻守。

4. 时间

技战术训练时间80～90分钟。比赛时间10分钟,分四节。

5. 器材规格

训练和比赛应使用3号球。

(七) 教学与训练中应注意的问题

(1) 这个年龄段是儿童时期,因此,技战术教学与训练也是处于相对的不稳定期。

(2) 在技战术训练时,采用分解演练的方法。

(3) 教学与训练时,采用多提问、多思考、多动脑筋,让其回答问题,启发队员的积极思维,培养他们养成善于思考、独立解决竞技场上出现技战术上问题的习惯。

(4) 在技术训练时,应以对抗为主。而简单的战术配合则应采用综合—分解—综合训练法为主进行。

(5) 教授新的技术时,仍要采用由分解技术动作到完整技术动作的教学方法。

(6) 在完成组合技术时,应突出抓好各技术间的连贯协调能力。

(7) 在进行技战术练习时,要明确体现出三维空间,即地面、距离和高度的感知觉,了解足球比赛中的进攻与防守的密切关系。

(八) 总结

(1) 每阶段比赛后进行个人和全队小结。

(2) 年终进行个人和全队全年训练比赛总结。

(九) 主要措施

(1) 加强入队教育，端正入队动机，提高训练的积极性和自觉性。

(2) 建立技术小组，逐步形成球队的骨干力量。

(3) 加强足球理论学习，每周定期学习一次。

(4) 建立全队和队员的技术档案。

(5) 训练安排要循序渐进，训练手段要多样化，认真贯彻直观教学原则。

(6) 认真写好训练日记，及时了解队员的身体机能状况。

(7) 在现有条件下做好医务监督。

二、阶段训练计划

阶段训练计划是指在学年训练计划的基础上、根据上下两学期的时间安排以及比赛任务的需要而制订的一种周期性训练计划。阶段训练计划要考虑学期时间、周数、正常节假日、实际训练周数、训练内容和比赛时间。阶段训练计划还要考虑季节的变化，由于年龄特点，天气的变化也会影响到训练效果（表 2-4-2）。

（一）制订计划的依据

根据全年训练计划的安排，准备期训练主要为完成比赛任务做准备。训练中多采用鼓励的方式，培养小队员的自信心和对足球运动的兴趣。

（二）训练目的、任务和预期达到的目标

1. 目的和任务

(1) 培养队员们良好的训练态度及良好的比赛作风。

(2) 为 5 人制足球比赛在技术、战术、身体素质、心理品质等方面做好充分准备。

(3) 提高局部攻防战术能力，学习 5 人制足球比赛攻防战术。

(4) 在全面发展身体素质基础上，进一步提高速度、爆发力及协调性。

2. 预期目标

(1) 把运动员的身体素质、技术、战术、心理素质四个主要方面调整到最佳状

态进入比赛。

(2) 确定足球比赛的主力阵容和替补阵容。

(三) 训练周期的日期及时间安排

(1) 从本年度的 3 月 1 日开始至 3 月 31 日。

(2) 第一阶段 1 周,从 3 月 1 日开始至 3 月 7 日。

(3) 第二阶段 2 周,从 3 月 8 日开始至 3 月 21 日。

(4) 第三阶段 1 周,从 3 月 22 日开始至 3 月 31 日。

表 2-4-2　阶段训练计划示例

阶段		第一阶段	第二阶段	第三阶段
时间 课次课时		3月1日至3月7日 一周5天5课7.5小时	3月8日至3月21日 两周14天14课21小时	3月22日至31日 一周10天10课12小时
训练任务内容		1.培养队员的兴趣和自信心 2.提高队员速度、灵敏、协调能力 3.学习掌握跑的基本技术和足球热身操 4.颠球;个人运控球;传接球技术	1.增加队员之间的交流 2.提高队员速度、灵活性、协调性 3.巩固改进技术,增加对抗练习的比例 4.学习在有对手压力下的情况下传球与接应、创造空间、盯人和保护的个人攻守战术	1.保持队员的注意力和热情 2.学习足球局部进攻与防守战术,学习在以多打少和以少防多的局面下战术配合的能力 3.保持一定身体技术训练,重视比赛期前的训练调节,使队员处于良好竞技状态进入比赛
各项训练的百分比(%)	一般身体	20	10	10
	专项身体	10	10	10
	技术	60	55	55
	战术	10	20	20
	比赛		5	5
训练负荷安排情况		小中大 1 3 5 8 10 12 14 16 18 20 22 24 26 28 30		

三、周训练计划

周训练计划是阶段训练计划的一个单元。在准备期,根据阶段计划去完成一个技术和战术的训练;在比赛期,根据比赛安排以及比赛对手制订有针对性的计划;在恢复期,制订适合的恢复性训练内容(表2-4-3)。

表2-4-3　周训练计划示例

日期		3月23日 一	3月24日 二	3月25日 三	3月26日 四	3月27日 五	3月28日 六	3月29日 日
第×周	下午 4:00～ 5:20	1.足球游戏 2.颠球、控球练习	1.足球游戏 2.控球接球练习 3.1对1、2对2比赛	1.速度、协调性、灵活性练习 2.比赛	1.控球、传接球练习 2.速度、灵敏性、协调性练习	1.控球、传接球练习 2.3对3、4对4比赛	比赛	休息
负荷		中	中	大	中	小	大	小

四、课时训练计划

课时训练计划是指有针对性地设置训练内容,有具体的训练目标和要完成的训练任务。课时训练主要有完整的训练环节,对准备和放松部分不能忽视,在实践环节中,主题要单一、明确,一节课解决一个问题,与课时训练主题无关的内容不要涉及,避免造成队员思维混乱,主题不清。在训练课的设计过程中,要非常重视训练课的每个训练内容与方法之间的逻辑关系和相互衔接,通过练习方法的变化逐步提高训练的难度。在小学阶段,如果课时训练效果达不到预期,可以延课时训练,直到达到要求再进行下一步的练习(表2-4-4)。

表2-4-4　课时训练计划示例

人数:20人	应到人数	20人	场地与器材	场地:足球场 器材:足球20个、旗杆8支、背心20件
	实到人数	20人		
训练任务	改进队员身体与球的协调性,提高队员综合技术的衔接能力,强化比赛对抗意识			

续表

练习时间	组织形式	训练要求
20 分钟	一、热身活动 练习一 方法：一人一球进行运球，然后牵拉和体操 练习二 方法：一人一球进行颠球，然后牵拉和体操 练习三 方法：一人一球进行推拨，然后牵拉和体操	要求： 慢速，练习中穿插游戏。做 1 分钟练习做 1 分 30 秒牵拉、体操，循环进行
50 分钟	二、主要部分 ① 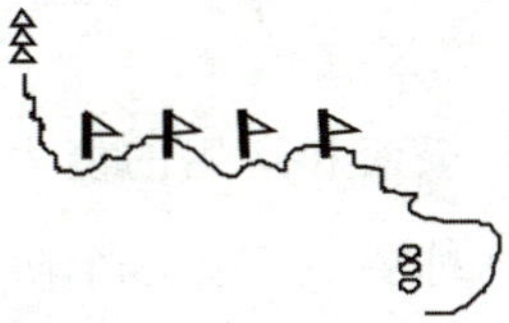 ② 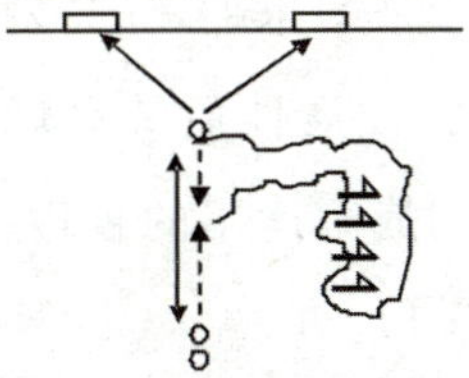 ③ 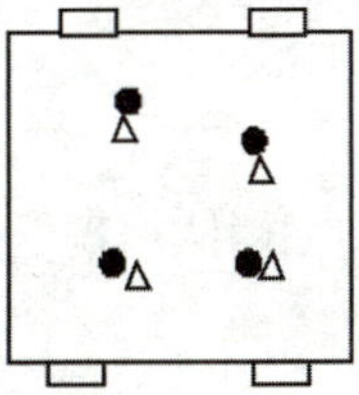	练习一：综合练习（12 分钟） 要求：2 人同时完成，拍手继续（脚外侧、脚内侧），练习 3 分钟，休息 1 分钟，共 3 组。方法：如图① 练习二：传、运、控、过、射练习（18 分钟） 要求：传、运、控、过、射一气完成，练习 5 分钟，休息 1 分钟，共 3 组。方法：如图② 练习三：5 对 5 或 4 对 4 分队比赛（20 分钟，场区 40 米×30 米） 要求：2 次运球。 方法：如图③
10 分钟	三、结束部分 1. 慢跑放松，各种牵拉 2. 讲评与总结	要求： 慢速，练习中穿插游戏。做 1 分钟练习做 1 分 30 秒牵拉、体操，循环进行

第五节 初中阶段足球训练计划

初中阶段的足球训练是一个熟悉足球、知道足球运动、掌握基本技战术的一个过程。这个过程对初中阶段的足球队员来说是一个逐步提高的时期,是一个技能技艺全面提高的阶段。全面地分析运动员存在的主要问题,并基于此来确定本年度的足球训练目的与任务。

一、年度训练计划

初中阶段训练计划的制订要考虑的是提高、全面和运用的能力。计划制订中要考虑到训练的指导思想、目标、任务、内容和训练要点。在这个阶段还要考虑到通过不同的训练形式,使初中队员享受更多足球带来的乐趣,保持对足球运动的兴趣。指导初中队员全面掌握足球基本技术与技巧,发展他们的足球技战术理解力和特长技术,巩固和提高队员在比赛中基本技术和战术运用的合理性和时效性,初步完成基本技艺向对抗技艺的发展和转化(表2-5-1)。

(一)队伍的诊断及制订计划的依据

队伍的诊断及制订计划要依据以下五个方面:(1)球队概况。(2)身体素质方面。(3)技术方面。(4)战术方面。(5)心理方面。

(二)训练目的、任务和预期目标

1. 目的和任务

(1)注重对运动员进行体育道德和敬业精神的教育,树立勤学苦练、积极钻研的训练作风及良好的比赛作风。

(2)技术方面强化有目的停球,熟练掌握长传球技术,完善带球摆脱及连接下一个动作,加强头顶球技术的提高,改进抢断球及连接动作,巩固进攻技术中的回

传球和一次传球,精细射门技术和传中与包抄射门技术。

(3)战术方面强化接应与支持,掌握盯人与在两名防守队员之间的合理站位,明确进攻与防守的基本概念,加强站位与回位的意识,了解个人在比赛中的位置,深化局部战术在比赛中全队战术中的专任与作用,学会以比赛中攻防的整体移动,加强紧逼与重新夺回控球权的意识,掌握定位球战术的攻防基本战术。

(4)身体素质训练方面,进一步提高一般耐力、速度与力量素质,养成良好的正确的姿态与姿势,发展弹跳力、协调性、柔韧性和灵巧性。加强身体的恢复和营养,强化医务监督工作。

(5)继续加强心理素质训练。

表 2-5-1　年度训练计划示例

月份	1、2	3、4、5	6	7、8	9、10、11	12
周期	准备期	比赛期	间歇期	准备期	比赛期	过渡期
训练时数和次数、训练任务	80小时40课 1. 抓好训练作风,严格训练纪律 2. 速度、爆发力 3. 活动中传控、接球技术 4. 小型战术:3对2、4对3 5. 通过练习比赛,确定比赛阵容和主要战术	180小时90课 1. 抓好比赛作风 2. 比赛期间保持身体技术练习 3. 比赛重点提高队员个人攻守职能和攻守原则的贯彻	40小时20课 1. 减少训练时数,降低训练量 2. 多采用游戏换项训练,以利调节身体、精神、消除疲劳	80小时40课 1. 抓好训练质量 2. 发展专项速度爆发力 3. 增加对抗训练,提高传接球技术 4. 小型战术:4对4、6对6 5. 改进提高已形成的攻守战术	170小时80课 1. 抓好勇猛顽强战斗作风的培养 2. 保持一定身体、技术训练 3. 进一步提高个人攻守职能和攻守原则的贯彻要求	26小时13课 1. 放假15天 2. 采用多种项目训练进行恢复
各项训练的百分比	一般身体训练(%)	15	10	40	15	10	40
	专项身体训练(%)	25	20	20	25	20	20
	技术(%)	40	35	30	40	35	30
	战术(%)	15	20	10	15	20	10
	比赛	5(8场)	15(35场)		5(8场)	15(35场)	

2. 预期目标

(1) 把运动员的身体素质、技术、战术、心理四个主要方面调整到最佳状态进入比赛。

(2) 树立比赛目标。

(三) 训练周期的日期及时间安排

全年训练周次为 48 周,训练时数为 570~580 小时,全年分为双训练周期。

1. 第一周期

(1) 准备阶段 8 周,从 1 月 1 日开始至 2 月 28 日。

(2) 比赛阶段 12 周,从 3 月 1 日开始至 5 月 31 日。

(3) 间歇阶段 4 周,从 6 月 1 日开始至年 6 月 30 日。

2. 第二周期

(1) 准备阶段 8 周,从 7 月 1 日开始至 8 月 31 日。

(2) 比赛阶段 12 周,从 9 月 1 日开始至 11 月 30 日。

(3) 过渡阶段 4 周,从 12 月 1 日开始至 12 月 28 日。

(四) 身体素质训练、技术训练、战术训练和比赛的比例安排

1. 身体方面

(1) 身体素质训练:15%。

(2) 专项身体素质训练:21%。

2. 技战术方面

(1) 技术训练:36%。

(2) 战术训练:17%。

3. 实战方面

竞赛:11%。

(五) 训练的基本任务和内容

1. 提高队员的训练作风和比赛作风

（1）明确严格的组织纪律性。

（2）强化严格的训练要求。

（3）培养良好的体育道德作风。

（4）培养勇猛顽强的战斗作风。

（5）遵守严格的比赛纪律。

2. 提高队员的全面身体素质，重点发展速度、灵敏、协调、爆发力等素质

（1）学习掌握正确动作与身体姿势技术。

（2）使速度与力量紧密结合，提高爆发力。

（3）提高完成各种技术动作所需要的灵敏、协调能力。

（4）将足球技术与身体素质紧密地结合在一起。

（5）有意识地发展一般耐力素质。

3. 全面提高队员的基本技术（重点是传接球技术），逐步发展队员个人技术特长

（1）提高对抗条件下的控球能力和有球技术的衔接能力。

（2）正确掌握长传、接球技术。

（3）提高临场射门技术。

（4）注意发现队员技术特长加以培养。

（5）全面发展队员的攻防技术。

4. 提高队员的战术能力，重点是个人战术和局部战术

（1）明确个人攻守的职能、进攻和防守原则。

（2）提高个人战术意识和局部 2 对 2、3 对 3、4 对 3 攻防能力。

（3）确定基本阵容，初步形成 3－2－1、3－1－2、3－3 的 7 人制足球阵型基本打法。

（六）完成训练计划的主要方法手段

1. 身体训练手段

身体训练包括各种起动跑、加速跑、哑铃快速挺举、蛙跳、多级跳、抛接实心球、一般耐力跑。

2. 技术训练手段

技术训练主要以对抗条件下的技术训练为主。

3. 战术训练手段

战术训练采用局部2对2、4对4、5对5、6对6对抗攻守,半场攻守。

4. 技战术训练时间

技战术训练时间为90～120分钟。

5. 比赛时间

比赛时间为30分钟×2节,7人制足球比赛。

6. 用球标准

训练和比赛应使用4号球。

(七)教学与训练中应注意的问题

(1)这个年龄段是少年时期,也是运动员获得所有足球知识的最佳时期,技术训练主要是以对抗训练为主,在这一阶段如果技术没有很好地掌握,以后就很难弥补。

(2)在技战术训练时,一定要给运动员一个足球比赛的完整概念,让他们知道所掌握的技战术是为了什么,在足球比赛中是如何运用和发挥作用的。

(3)教学与训练时,采用多提问、多思考、多动脑筋,让运动员回答问题,启发他们的积极思维,培养他们养成善于思考、独立解决竞技场上出现技战术问题的习惯。

(4)技术练习时应揉进战术因素,以提高技术的运用能力,积极提倡队员的独立思考和创造精神。

(5)在完成技术和战术配合时,应强调在快速运动中进行,并在此基础上追求准确性。训练中应强调速度素质,速度要与技术有机结合。

(6)在完成二、三元组合技术时,应突出抓好各技术动作的连贯协调能力。

(7)要强调队员在快速移动、转体变向、跳跃倒地等非正常身体姿势下完成各种技战术练习。

(8) 在进行技战术练习时,要明确体现出三维空间,即地面、距离和高度的感知觉。

(9) 在有对手较积极干扰下完成技术和战术配合,并以此培养队员的应变意识和能力。

(10) 在足球比赛中正确理解和运用比赛进攻与防守战术原则。

(八)总结

(1) 每阶段比赛后进行个人和全队小结。

(2) 年终进行个人和全队全年训练比赛总结。

(九)主要措施

(1) 加强对抗练习,增加比赛次数,提出比赛基本要求。

(2) 加强足球理论学习,每周定期学习一次。

(3) 建立全队和队员的技术档案。

(4) 认真写好训练日记,及时了解队员的身体机能状况。

(5) 在现有条件下做好医务监督。

二、阶段训练计划

阶段训练计划是指在学年训练计划的基础上、根据上下两学期的时间安排以及比赛任务的需要、制订的一种周期性训练计划。阶段计划要考虑学期时间、周数、正常节假日、实际训练周数、训练内容和比赛时间。阶段计划还要考虑季节的变化,由于年龄特点,天气的变化也会影响到训练效果。初中的阶段训练要有明确的任务和目标,经过阶段训练后,球队和队员要达到预期目标(表2-5-2)。

(一)制订计划的依据

根据全年训练计划的安排,准备期训练主要为比赛做准备,训练中多采用鼓励的方式,培养队员的自信心和对足球运动的兴趣。

表 2-5-2　阶段训练计划示例

阶段	第一阶段	第二阶段	第三阶段	第四阶段
时间 课次课时	8月1日至8月6日 一周6天8课16小时	8月7日至8月13日 一周7天9课18小时	8月14日至8月20日 一周7天7课14小时	8月21日至8月31日 一周7天6课11小时
目的	恢复/个人技能	恢复/技战术	身体强化/战术配合/人员配合	开阔眼界,锻炼队伍
重点	机能恢复和球性	技能提高和传接球	混氧（比赛）的提高适应/整体磨合	挖掘有特点、有潜力的队员
内容	1. 一般耐力,徒手力量 2. 传接球(无对抗)	1. 轻器械力量 2. 有对抗中传接球	1. 速度耐力为主 2. 整体的攻防及定位球演练	内容:比赛
方法	个人、小组	小组/局部	局部/整体	整体
要求	1. 循序渐进 2. 认真	1. 技术要求"规格化" 2. 有对抗中的传接球	1. 到位、认真 2. 紧迫感	1. 认真、投入、激情 2. 珍惜机会
各项训练的百分比(%) 身体	50	20	30	20
各项训练的百分比(%) 技术	40	60	20	20
各项训练的百分比(%) 战术	10	20	50	60
运动量安排	{{一条折线图，横轴为1-23，纵轴为大/中/小}}			
备注	1. 23天准备期,合理调整,避免出现伤病 2. 完成任务,达到锻炼的目的 3. 15、17、20日为教学比赛			

（二）训练目的、任务和预期目标

1. 目的和任务

（1）培养运动员良好的训练态度及良好的比赛作风。

（2）为参加全市初中组 7 人制足球比赛做好技术、战术、身体素质、心理品质等方面的充分准备。

（3）提高局部攻防战术配合能力，学习 7 人制足球比赛攻防战术。

（4）在全面发展身体素质基础上，进一步提高速度、爆发力、协调性。

2. 预期目标

（1）根据计划把运动员的身体素质、技术、战术、心理四个主要方面调整到最佳状态进入比赛。

（2）确定主力阵容和替补阵容。

（三）训练周期的日期及时间安排

（1）训练周期从本年度 8 月 1 日开始至 8 月 31 日。

（2）第一阶段 1 周，从 8 月 1 日开始至 8 月 6 日。

（3）第二阶段 1 周，从 8 月 7 日开始至 8 月 13 日。

（4）第三阶段 1 周，从 8 月 14 日开始至 8 月 20 日。

（5）第四阶段 1 周，从 8 月 21 日开始至 8 月 31 日。

三、周训练计划

周训练计划是阶段训练计划的一个单元。在准备期，根据阶段计划去完成一个技术和战术的训练；在比赛期，根据比赛安排以及比赛对手制订有针对性的计划；在恢复期，制订适合的恢复性训练内容。初中的周训练主题更加明确，前后两周的训练内容需要更好的衔接（表 2-5-3）。

表 2-5-3　周训练计划示例

周训练任务：1. 改进提高：①接传球技能；②射门能力；③局部防守能力
　　　　　　2. 发展力量、速度练习
　　　　　　3. 备战周末比赛

星期	一	二	三	四	五	六	日
训练重点内容	局部防守/力量	接传球/局部防守	配合射门	力量/配合射门	配合射门/定位球	比赛	比赛
训练内容与时间安排	一、热身20′柔韧/有方向1—1 二、技战术80′ 1. 有方向2—2 2. 有方向4—4 3. 位置练习 三、体能20′（力量练习）	一、热身20′柔韧/接传球 二、体能20′速度和灵敏训练 三、技战术80′ 1. 有方向2—2 2. 有方向4—4 3. 位置练习	一、热身20′接传球/柔韧 二、技战术60′ 1. 边路进攻配合 2. 转移进攻 3. 定位球 三、配合射门40′（采用分组练习）	一、热身20′柔韧/接传球 二、体能30′（轻器械快速力量） 三、技战术60′配合射门（采用分组练习）	一、热身25′柔韧/区域4—2 二、技战术60′ 1. 配合射门 2. 定位球	13:00 对××中学	10:00 对××中学
训练强度与量	（量、强度） 大 中 小 （周）1 2 3 4 5 6 7（天） 强度 量度						

四、课时训练计划

　　课时训练计划是有针对性地设置训练内容，有具体的训练目标和要完成的训练任务。课时训练主要有完整的训练环节，对准备和放松部分不能忽视，在实践环节中，主题要单一、明确，一节课解决一个问题，与课时训练主题无关的内容不要涉及，避免造成队员思维混乱，主题不清。在训练课的设计过程中，要非常重视训练课的每个训练内容与方法之间的逻辑关系和相互衔接，通过练习方法的变化逐步提高训练的难度。初中阶段要从提高的角度出发，强化基本技术能力，注意每节课的身体素质和裁判规则的介绍(表 2-5-4)。

表 2-5-4　课时训练计划示例

人数:20 人	应到人数	20 人	场地与器材	场地:足球场 器材:足球 20 个、旗杆 8 支、背心 20 件
	实到人数	20 人		
训练任务	发展队员身体协调性训练,提高队员一对一的对抗能力			
练习时间	组织形式			训练要求
4 分钟 11 分钟	一、热身 1. 慢跑 400 米 2. 慢跑→加速跑:距离 15 米,每组 10 次 ①下蹲起立→加速跑 ②坐在地上→起立加速跑 ③原地跳→加速跑 ④后退跑→转身加速跑 ●●●●●●●●●●●●●●●●●●●●●●●●●●→ ←——— 15 米 ———→			★放松跑,心率控制在 120 次/min 以下 ★有一定强度,心率控制在 150 次/min 以下
5 分钟	⑤绕障碍跑 ×××●●●▲●●●▲●●●▲●●●▲●●●▲●●●▲→ 3. 伸拉肌肉:小腿伸展、四头肌伸展、大腿后群肌和肌腱伸展、腰背肌伸展、肩部肌肉伸展、腹部肌肉伸展、腹侧肌肉伸展			★重点牵拉膝关节、踝关节,腰腹肌肉和韧带及有关小肌肉群
8 分钟	二、基本部分 1. 一人一球,绕"8"字运球 ×● ▲∞▲ 5 人一组,分 4 组练习			★1. 脚背内侧和脚背外侧结合运球 2. 左右脚结合运球 3. 运球动作协调、连贯 4. 注意观察 ★1. 脚背内侧和脚背外侧结合运球 2. 射门前注意观察守门员位置 3. 射门时眼睛看球

		续表
15分钟	2.一人一球,运球绕障碍—射小门:距离24米,障碍物之间2米 ← 14米 →← 10米 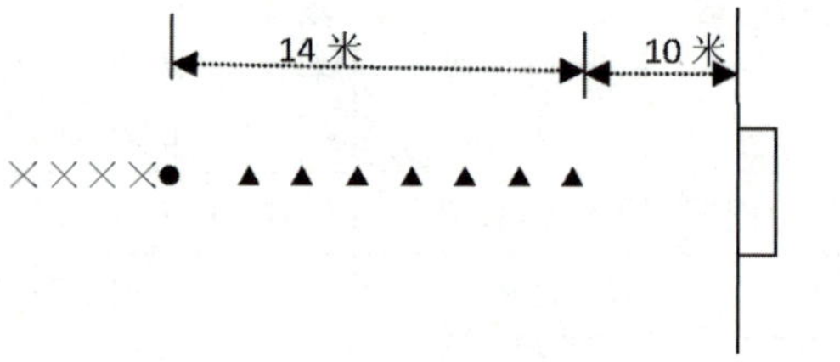 → ×××× ● ▲ ▲ ▲ ▲ ▲ ▲	★1.一对一运球过人,要求过人时运用假动作过人 2.假动作要熟练,动作连贯、协调 3.假动作完成后,过人动作要快 4.练习开始时,防守队员可以消极防守—逐步过渡到积极防守 5.1分钟后两组交换
20分钟	3.一对一射小门:1分钟×4组,15米×10米 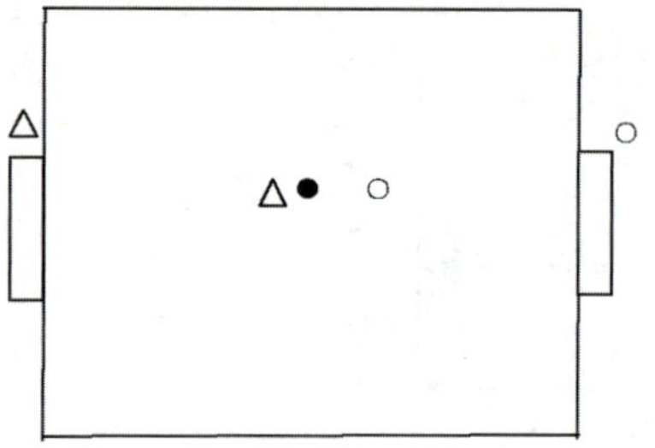	★1.充分放松 2.调整呼吸 ★1.充分拉伸
12分钟	4人一组,分5组练习	
15分钟	三、结束部分 1.放松慢跑 2.拉伸 3.小结	

第六节 高中阶段足球训练计划

高中阶段的足球训练是巩固足球技术、了解比赛规则、掌握比赛技巧的一个过程。这个过程对高中阶段的足球队员来说是一个全面发展、比赛技艺、全面提高的阶段。

一、年度训练计划

高中阶段训练计划的制订要考虑的是巩固完善基本技术、提高比赛能力、掌握比赛规则。计划制订中要考虑到训练的指导思想、目标、任务、内容和训练要点。这个阶段是对抗技艺向比赛技艺转变的重要阶段,同时也是决定队员由业余训练进入职业足球生涯的重要阶段。通过掌握不同的训练方法强化全队整体战术素养,提高队员控制比赛节奏的能力,通过比赛积累比赛经验。在训练中要巩固和改进个人竞技能力,完善技术细节,强化技术特点,巩固和提高个人战术、小组战术以及全队整体战术和专门战术(表2-6-1)。

表2-6-1 年度训练计划示例

月份	1、2	3、4、5	6	7、8	9、10、11	12
周期	准备期	比赛期	间歇期	准备期	比赛期	过渡期
训练时数和次数、训练任务	80小时40课 1.抓好训练作风,严格训练纪律 2.速度、速度耐力、爆发力、灵敏 3.活动中传控、接球技术 4.小型比赛战术:7对7,9对9 5.通过练习比赛,确定比赛阵容和主要战术	180小时90课 1.抓好比赛作风 2.比赛期间保持身体技术练习 3.比赛重点提高队员个人攻守职能和攻守原则的贯彻	40小时20课 1.减少训练时数,降低训练量 2.多采用游戏换项训练,以利调节身体、精神、消除疲劳	80小时40课 1.抓好训练质量 2.在提高一般耐力基础上发展速度耐力 3.增加对抗训练,提高传接球技术 4.改进提高已形成的防守战术	180小时90课 1.抓好勇猛顽强战斗作风的培养 2.保持一定身体、技术训练 3.提高位置传接技术、个人特长技术 4.进一步提高个人攻守职能和攻守原则的贯彻要求	20小时10课 1.放假20天 2.采用多种项目训练进行恢复
各项训练的百分比	一般身体训练(%)	15	10	20	15	10	20
	专项身体训练(%)	15	10	20	15	10	20
	技术(%)	40	35	50	35	35	40
	战术(%)	25	30	10	30	30	20
	比赛	5(8场)	15(35场)		5(8场)	15(35场)	

(一)队伍的诊断及制订计划的依据

队伍的诊断及制订计划要依据以下五个方面:(1)球队概况。(2)身体素质方面。(3)技术方面。(4)战术方面。(5)心理方面。

(二)训练目的、任务和预期目标

1. 目的和任务

(1)继续培养运动员的事业心,注重对运动员进行体育道德和敬业精神的教育,树立勤学苦练、积极钻研的训练作风及良好的比赛作风。

(2)熟练掌握足球基本技术,提高实战能力,增强对抗能力,继续抓好个人特长技术,提高位置技术的应用能力,注重提高完成动作的速度及准确性。

(3)提高局部攻防战术能力,学习11人制攻防战术,提高比赛技战术应变能力,学习控制比赛的节奏。

(4)在全面发展身体素质基础上,进一步提高速度、爆发力及耐力素质。

(5)继续加强心理素质训练。

2. 预期目标

(1)提高运动员的身体素质、技术、战术、心理四个方面

(2)明确任务目标。

(三)训练周期的日期及时间安排

全年训练周次为48周,训练时数为630~660小时,全年分为双训练周期。

1. 第一周期

(1)准备阶段8周,从1月1日开始至2月28日。

(2)比赛阶段12周,从3月1日开始至5月31日。

(3)间歇阶段4周,从6月1日开始至6月30日。

2. 第二周期

(1)准备阶段8周,从7月1日开始至8月31日。

(2)比赛阶段12周,从9月1日开始至11月30日。

(3) 过渡阶段 4 周,从 12 月 1 日开始至 12 月 28 日。

(四) 身体素质训练、技术训练、战术训练和比赛的比例安排

1. 身体方面

(1) 身体素质训练:12%。

(2) 专项身体素质训练:12%。

2. 技战术方面

(1) 技术训练:37%。

(2) 战术训练:28%。

3. 实战

竞赛:11%。

(五) 训练的基本任务、内容

1. 提高队员训练作风和比赛作风

(1) 自我明确组织纪律性。

(2) 强化巩固训练要求。

(3) 培养健康完善的体育道德作风。

(4) 具备勇猛顽强的战斗作风。

(5) 自我明确遵守的比赛纪律。

2. 提高队员的全面身体素质

(1) 速度。

(2) 爆发力。

(3) 耐力。

3. 个人技术

(1) 全面提高队员的基本技术。

(2) 逐步发展队员个人技术特长。

(3) 重点发展全队队员一次性传球的能力。

4. 提高队员的战术能力,重点是局部攻防战术

(1) 明确个人攻守的职能、进攻和防守原则。

(2) 提高个人战术意识和局部 3 对 2 和 4 对 3 能力。

(3) 确定基本阵容,初步掌握 4-4-2 和 3-5-2 阵型的基本打法。

(六) 完成训练计划的主要方法手段

1. 身体训练手段

各种起动跑、加速跑、往返跑、越野跑、蛙跳、多级跳等等。

2. 技术训练手段

主要以对抗条件下的技术训练为主。

3. 战术训练手段

采用 6 对 6、8 对 8 对抗攻守与半场攻守以及全场攻守练习和分队比赛。

4. 时间和器材

(1) 技战术训练时间 90～120 分钟,并适当加大训练课的密度和强度。

(2) 比赛时间 40 分钟。

(3) 训练和比赛应使用 5 号球。

(七) 教学与训练中应注意的问题

(1) 这个年龄的队员,所有的足球技术和战术知识都应该完全掌握,一名队员今后能否成为优秀运动员,这时已经显露出其潜质。

(2) 不能忽视个别对待的训练原则,只有这样才能更好地扬长避短,更快地形成个人特长技术。

(3) 加强比赛三个时刻意识的培养。

(八) 总结

(1) 每阶段比赛后进行个人和全队小结。

(2) 年终进行个人和全队全年训练比赛总结。

（九）主要措施

（1）加强比赛道德教育。

（2）加强纪律性教育。

（3）加强足球理论学习，每周定期学习一次。

（4）注重位置技战术的运用，提高比赛能力。

（5）建立全队和队员的技术档案。

（6）认真写好训练日记，及时了解队员的身体机能状况。

（7）在现有条件下做好医务监督。

二、阶段训练计划

阶段训练计划是指在学年训练计划的基础上、根据上下两学期的时间安排以及比赛任务的需要制订的一种周期性训练计划。阶段计划要考虑学期时间、周数、正常节假日、实际训练周数、训练内容和比赛时间。阶段计划还要考虑季节的变化，由于年龄特点，天气的变化也会影响到训练效果（表2-6-2）。

表2-6-2　阶段训练计划示例

阶段	第一阶段	第二阶段	第三阶段	第四阶段
时间 课次课时	8月1日至8月7日 一周7天9课16小时	8月8日至8月14日 1周7天9课18小时	8月15日至8月21日 一周7天8课18小时	8月22日至8月28日 一周7天6课11小时
目的	1.改进提高局部及整体的攻防能力 2.加强个人能力和身体练习	1.改进提高局部及整体的攻防能力 2.提高比赛的身体机能	1.整体磨合 2.找出并解决问题	1.调整 2.强化定位球战术
重点	1.身体上：力量及速度 2.技战术上：对抗中防守能力	1.身体上：力量及速度 2.技战术上：局部对抗和转移进攻	1.身体上：力量及速度 2.技战术上：局部对抗和转移进攻	1.身体上：力量及速度 2.定位球、"反击"

续表

内容		1.身体上:徒手力量结合距离的各种跑 2.技战术上:1—1、1—2、3—4、4—4、4—5/位置练习	1.身体上:器械力量(少量多次);结合球及对抗的速度耐力 2.技战术 1—1、3—4、4—4、4—5、5—6、7—8、11—11/整体、定位球、防反击球	1.身体上:器械力量(少量多次);结合球及对抗的速度耐力 2.技战术上:1—1、3—4、4—4、4—5、5—6、7—8、11—11/整体、定位球、防反击球	1.身体上:力量练习结合各种跑 2.技战术上:整体攻防演练/角球、界外球、任意球、开球、点球演练
方法		个人、小组/局部	小组/整体	小组/整体	整体/小组/个人
要求		1.攻:猛、快、活 2.防:稳、准、狠 3.整体上严格化,个人技战术上细致化	1.攻:猛、快、活 2.防:稳、准、狠 3.整体上严格化,个人技战术上细致化	1.攻:猛、快、活 2.防:稳、准、狠 3.整体上严格化,个人技战术上细致化	1.攻:猛、快、活 2.防:稳、准、狠 3.整体上严格化,个人技战术上细致化
各项训练的百分比(%)	身体	20	20	20	20
	技术	50	30	30	20
	战术	30	50	50	60
	比赛	1	1	2	1
运动量安排					

(一) 制订计划的依据

根据全年训练计划的安排,为第二阶段比赛做准备。训练中教练员应多采用鼓励的方式,培养队员的自信心。

(二) 训练目的、任务和预期达到的目标

1. 目的和任务

(1) 培养队员们良好的训练作风及良好的比赛作风。

(2) 为参加全市高中组足球比赛做好技术、战术、身体素质、心理品质等方面的充分准备。

(3) 提高局部攻防战术配合能力,掌握11人制足球比赛攻防战术。

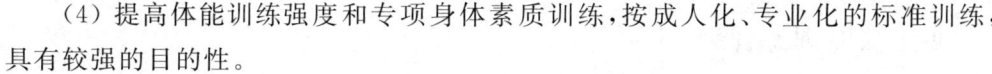

(4)提高体能训练强度和专项身体素质训练,按成人化、专业化的标准训练,具有较强的目的性。

2. 预期目标

(1)全面提高运动员身体素质和技术能力。

(2)确定参加本年度全市高中组足球比赛的主力阵容和替补阵容。

(三)训练周期的日期及时间安排

(1)训练周期从本年度8月1日开始至8月31日。
(2)第一阶段1周,从8月1日开始至8月7日。
(3)第二阶段1周,从8月8日开始至8月14日。
(4)第三阶段1周,从8月15日开始至8月21日。
(5)第四阶段1周,从8月22日开始至8月28日。

三、周训练计划

周训练计划是阶段训练计划的一个单元。在准备期,根据阶段计划去完成一个技术和战术的训练;在比赛期,根据比赛安排以及比赛对手制订有针对性的计划;在恢复期,制定适合的恢复性训练内容(表2-6-3)。

表2-6-3 周训练计划示例

周训练任务:1. 改进提高:①接传球技能;②射门能力;③局部防守能力								
2. 发展力量、速度练习								
3. 备战周末比赛								
星期	一	二	三	四	五	六	日
下午	1.结合技术有氧训练30′ 2.战术训练30′ 3.协调性练习20′	1.对抗练习(解决比赛中出现的技战术问题)40′ 2.位置技术训练30′ 3.不同形式1对1对抗10′	1.大强度有氧耐力训练、速度、柔韧45′ 2.战术训练(大场地对抗)40′	1.大强度有氧耐力训练、速度、柔韧45′ 2.战术训练(大场地对抗)60′	1.速度练习30′ 2.技术训练35′	1.技术训练20′ 2.速度练习10′ 3.位置阵型战术训练30′ 4.柔韧练习10′	比赛 比赛后恢复训练10到12分钟,慢跑心率保持120左右
负荷	小	中	次大	大	小	小	大

四、课时训练计划

课时训练计划是有针对性地设置训练内容、有具体的训练目标和要完成的训练任务。课时训练主要有完整的训练环节,对准备和放松部分不能忽视,在实践环节中,主题要单一、明确,一节课解决一个问题,与课时训练主题无关的内容不要涉及,避免造成队员思维混乱,主题不清。在训练课的设计过程中,要非常重视训练课的每个训练内容与方法之间的逻辑关系和相互衔接,通过练习方法的变化逐步提高训练的难度(表2-6-4)。

表2-6-4　课时训练计划示例

人数:20人	应到人数	20人	场地与器材	场地:足球场 器材:足球20个、旗杆8支、背心20件
	实到人数	20人		
训练任务	发展队员身体协调性训练,提高队员一对一的对抗能力			
练习时间	组织形式			训练要求
4分钟 4分钟 5分钟	一、热身 1.慢跑 2.有氧跑——侧滑步跑——交叉步跑——后退跑——跑动中踢腿 3.伸拉肌肉:小腿伸展、四头肌伸展、大腿后群肌和肌腱伸展、腰背肌伸展、肩部肌肉伸展、腹部肌肉伸展、腹侧肌肉伸展			★放松跑,心率控制在120次/min以下 ★有一定强度,心率控制在150次/min以下 ★重点牵拉膝关节、踝关节、腰腹肌肉和韧带及有关小肌肉群
6分钟	4.二人一球活动中传接球　30米×15米			★1.持球队员传球前观察接应队员动作,接应队员跑动后及时传球,向接应队员身前传球 2.接应队员积极跑位,接球与运球紧密结合 3.方向:从一侧向另一侧球门推进
6分钟 5分钟	5.2对2攻小门　20米×15米			★1.控制好球,积极跑位寻找空挡 2.抢点射门 3.丢球积极防守,力争抢回控球权

时间	内容	要求
5 分钟	二、基本部分 1. 二人一球，一人自抛自顶 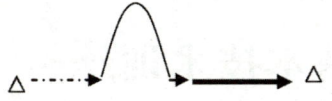	★1. 用前额正面顶球后中部，眼睛睁开，不要闭眼 2. 身体后展，收腹顶球 3. 将球顶向另一人胸部，然后交换
20 分钟	2. 三人一球，头顶球射门 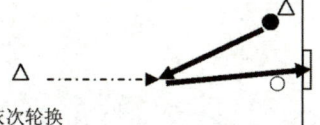 顶球后依次轮换 顶球后依次轮换 练习 3 和 4 分组轮换练习	★1. 抛球队员根据跑动队员位置将球抛向他前上方 2. 顶球队员积极跑位，顶球前观察守门员位置 3. 根据球的位置前冲顶球或跳起顶球或鱼跃顶球
20 分钟 20 分钟	3. 传球跑位头顶球射门 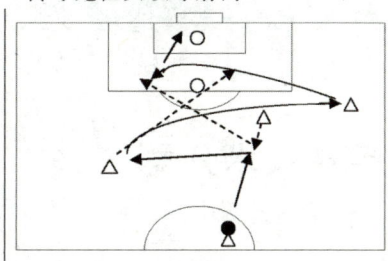	★1. 传球准确，配合默契 2. 积极跑位，抢点头顶球射门 1. 2 对 2 中前场抢截球后有机会果断射门 2. 没有机会，保持控球权，将球传给边路接应队员，然后抢点头顶球射门
10 分钟	4. 2 对 2 头顶球射门 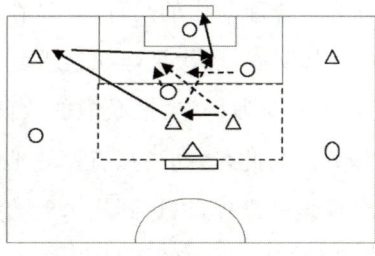	★1. 头顶球射门算 2 分 2. 进攻队控制好球，不要轻易失去控球权 3. 力争抢点射门，没有机会将球传给边路接应队员，然后包抄抢点头顶球射门 4. 防守队员积极抢截夺回控球权，组织进攻
	5. 全场 11 对 11 比赛 三、结束部分 1. 慢跑 2. 伸拉 3. 小结	★1. 充分放松 2. 调整呼吸 ★1. 充分拉伸

第三章 足球基本技术训练

> **本章提要：** 本章主要介绍了足球技术的分类情况，详细分析了主要技术动作的特点与要领，对学习和训练过程中的易犯错误进行着重分析，并给出了纠正和改进的办法，同时还提供了一些针对性的训练方法供老师们参考使用。

第一节 足球技术分类

足球技术是运动员在足球比赛中所采用的合理动作的总称，它是在比赛实践中逐步形成和完善起来的。随着足球运动的不断发展，现代足球在追求胜负结果的同时，以攻守平衡为原则，以时空控制权的激烈争夺为特点，把激烈的攻防、有效的配合、扣人心弦的进球等内容作为重要组成部分。为此，运动员只有熟练地掌握足球技术才能在比赛中有目的地采取行动，正确合理地处理球，以达到战术上的要求。

技术是完成配合的基础，战术的发展又促进了技术的不断提高。随着足球运动的发展趋势，更加先进的打法对进攻和防守技术都提出了更高的要求。因此，足球技术不论是在内容上还是在难度上以及训练的方法要求上，都向着全面、快速、准确、实用的方向发展。根据场上位置可以将其分为锋卫队员技术和守门员技术两大部分。但是，不论是锋卫队员还是守门员，在比赛中不仅需要完成结合球的技术动作，而且还要完成许多无球的技术动作。所以，足球技术应分为有球技术和无球技术两大类。本章主要讲解有球技术，将在 2～7 节中逐步进行讲解。

第二节　球性球感训练

球性球感是足球运动中最基本的内容,也是学习和掌握好足球技术的前提条件。球性球感能力的好坏直接影响足球技术掌握的速度和质量,因此要充分认识到球性球感练习在足球教学中的重要性。

球性球感能力是指在足球练习中人体能够比较正确地感觉到球的高度、速度、弹性及控制球的反弹、飞行距离、方向变化的能力。人类高级神经实践证实,人的一切技能的形成都是肌体建立条件反射的过程,在运动技能形成的过程中,肌肉的运动感觉,即肌肉工作导致由本体感受器传入反馈信息,是球感形成的关键,反馈信息不断地对运动中枢进行校正,这样不断重复,形成球性球感。

一、球性球感训练

(一) 颠球(图 3-2-1)

1. 动作要领

(1) 双脚脚背颠球:脚向前上方摆动,用脚背击球,击球时踝关节固定,击球的下部。两脚可交替击球,也可一只脚支撑,另一只脚连续击球。击球时用力均匀,使球始终控制在身体周围。

(2) 双脚内侧、外侧颠球:抬腿屈膝,用脚的内侧或外侧向上摆动,击球的下部,两脚内侧或外侧交替击球。

(3) 大腿颠球:抬腿屈膝,用大腿的中前部位向上击球的下部,两腿可交

图 3-2-1　脚背正面颠球

替击球,也可一只脚做支撑,用另一侧的大腿连续击球。

(4) 头部颠球:两脚开立,膝盖微屈,用前额部位连续顶球的下部。顶球时,两眼注视球,两臂自然张开,以维持身体平衡。

(5) 各部位连续颠球:根据上述单一颠球技术动作要领,用各部位配合连续颠球,配合的部位越多,难度越大。颠球的部位有脚背、脚内侧、脚外侧、大腿、头部、胸部、肩等。

2. 易犯错误

(1) 脚击球时踝关节松弛,造成用力不稳定。

(2) 击球时脚尖向下或向上勾,造成球受力后向前或向后触碰身体,使球难以控制。

(3) 颠球时身体其他部位不够放松,以至于动作僵硬。

(4) 头部颠球时腿部、躯干、颈部配合用力不协调,仅靠颈部用力。

3. 分组示例

(1) 一人一球颠球:体会触球的时间、触球的部位、触球的力量和整个动作的协调配合。

(2) 两人一球颠球:用脚背、大腿、头部以及身体各部位触球,掌握好触球的力量,尽量不让球落地。每人可触球一次颠给对方,也可触球多次互相颠球。

(3) 四五人一组围圈用两球颠球:可规定每人触球的次数与部位,也可自由掌握触球的次数与部位。颠传时要注意观察,防止两个球同时颠传给同一伙伴。

4. 注意事项

(1) 必须全身放松,千万不要让脚僵硬。

(2) 颠球的时候要击球的底部中央。

(3) 颠的球最好不要高于膝盖。

(4) 颠球的时候一定要集中注意力,用力要适当。

(5) 颠球一定要坚持下去。

先练习最擅长的脚,颠的时候每颠一下脚都要踩一下地,不要脚不落地连续颠。用脚面搓球,不要使劲,触球的时候腿脚放松,脚踝发力。等到擅长脚练到可以连续颠30个以上后,再加入不擅长的脚颠。需要慢慢体会脚感,再结合球星颠球的视频。还有就是要多接触球,这样才能有球感。

(二)前脚掌踩球

1. 前脚掌踩球的分类

(1)原地前脚掌触球:两脚交替用前脚掌触球,抬起的大腿与小腿基本呈90度,身体保持直立,目视前方,保证脚准确地触在球的正上方(图3-2-2)。

(2)行进间前脚掌踩球:行进间前脚掌踩球分为前进和后退两种,基本动作和原地踩球动作相同,通过前脚掌踩球促进球的运转,同时要注意抬头观察,根据熟练度提高动作的频率。

图 3-2-2　前脚掌踩球

2. 易犯错误

(1)身体向后或向前倾斜,导致重心不稳。

(2)触球练习过程中容易用脚后跟或者脚的其他部位去触球。

(3)练习中低头不观察。

(三)拨球

1. 动作要领

(1)单脚脚背内、外侧拨球:拨球时,支撑脚在球的内侧稍后约20厘米处,另一只脚运用脚腕抖拨动作,以脚背内、外侧触球,使球向侧方或侧前方移动。练习拨球时,支撑腿重心稍下降,拨球脚用力要轻。

(2)脚内侧推拨球:两脚脚内侧触球,拨球时,膝关节稍弯曲,上体前倾,身体重心随球的方向左右移动,运球时脚后跟提起脚内侧推拨球的后中部分(图3-2-3)。

图 3-2-3　拨球

2. 易犯错误及纠正方法

（1）支撑腿站不稳，拨球脚着地

纠正方法：先做模仿动作，体会动作方法与要领，然后用慢动作反复练习；先练习一只脚拨球，再练习另一只脚拨球。

（2）拨球行进时脚触球部位不准确，控制不好球

纠正方法：左（右）脚支撑跳跃时，用右（左）脚背内（外）侧拨球的外（内）侧后下方，拨球瞬间脚不能着地。

（3）脚内侧拨球时只顾低头看球，而不能随时观察场上情况，以致不能及时传球或射门。

纠正方法：练习时在前面设定目标，学生要提醒自己注意观察目标的变化。

（4）脚内侧拨球时，不是推拨球，而是踢球以致球离身体过远而失去控制。

纠正方法：练习原地脚内侧推拨球，体会脚内侧与球接触的感觉。

二、训练示例

（一）球性训练 1（图 3-2-4）

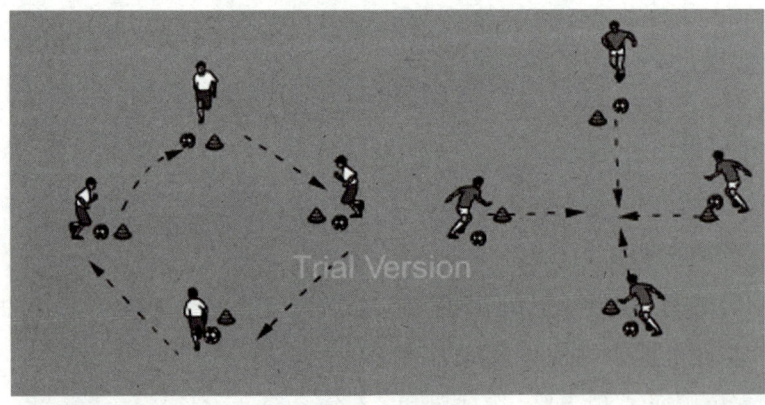

图 3-2-4　球性训练示例

1. 组织安排

（1）时间：20～25 分钟

（2）场地：5 米×5 米

（3）方法：每人一个球在指定的标志物处做练习（推、拉、拨、踩），左右脚交替进行，练习时候听教练员提示，向一处移动中完成或球停在原处跑到下一个标志物处进行练习。

2．要点

（1）注意练习频率和触球部位。

（2）练习中反应速度要快。

（3）注意观察、决策。

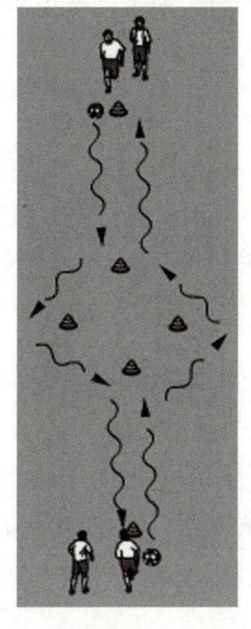

图 3-2-5　球性训练示例

（二）球性训练 2（图 3-2-5）

1．组织安排

（1）时间：20～25 分钟。

（2）根据图示相对进行，在行进间完成踩球、拉球、推球，练习中注意身体姿态的变化。

2．要点

（1）注意观察，有呼应，避免碰撞。

（2）在有限的距离内尽可能多地触碰球。

（3）练习中注意控制球的速度。

第三节　踢、接球技术训练

一、踢球技术

踢球技术指运动员有目的地用脚的某一部位将球击向预定目标的动作方法。

踢球技术是足球比赛活动中运用得比较多的技术手段,其表现形式为传球和射门两种。无论哪一种踢球技术其完整的动作过程都包括助跑—支撑脚站位—踢球腿摆动—脚击球—随前动作五个技术环节。

(一)助跑

助跑是指运动员踢球前的几步跑动。其作用有:一是调整人与球之间的相对位置,使踢球时有一个理想的支撑点,保证支撑脚选位的合理性和踢球方向的准确性;二是通过步幅和方向的调整,使踢球前获得一定的前移动量,通过动量传递,增加摆腿击球的力量和速度。

(二)支撑脚站位

支撑动作贯穿于整个踢球过程,它包含支撑脚的位置、落位方法、脚的指向和关节支撑等因素。支撑的主要作用是维持身体在踢球过程中的平衡,保证摆踢发力动作的顺利完成。

1. 支撑脚的位置

支撑脚与球的方位关系对踢球动作的质量和出球状态都有一定的影响。一般来说,支撑脚与球的左右位置会影响踢球腿的摆动速度和击球的准确性,前后位置会影响腿的摆幅以及出球的角度和高度。在一定范围内,站位越靠后,踢球腿的摆幅越大,出球角度越大,球易踢高。因此,支撑脚的选位应根据选用的踢球方法、球的起始状态以及出球的目标与目的来确定。

2. 落位方法

支撑脚一般采用脚跟积极踏地迅速过渡到全脚掌的落位方法,以减小身体前移的冲力。着地时膝关节应微屈,随重心继续前移,支撑脚以滚动方式由脚跟过渡到全脚掌支撑,使身体重心有一个稳固的支点。

3. 脚的指向

支撑脚落位时脚趾一般应指向目标方向,以保证击球瞬间身体能转到目标方向,带动踢球腿向目标方向顺利地踢摆,为有效控制出球方向打下良好基础。

4. 支撑动作

支撑效果很大程度上取决于支撑腿关节的用力及屈伸的程度。着地支撑时以缓冲身体冲力、控制平衡为目的。因此，膝关节既要适度弯曲，还应保持用力。而在前摆击球阶段，人体应稳固支撑，以保证踢摆发力。因此，支撑腿膝踝关节要有积极地蹬伸动作，以保证充分发挥踢球腿的击球力量。

（三）踢球腿摆腿

踢球腿摆腿是指踢球腿击球前的摆动过程，它是踢球的主要力量来源，按动作顺序分为后摆与前摆阶段。后摆是为增大前摆幅度和速度创造条件，前摆则是将助跑与后摆所储备的能量以及自身的能量集中作用于球体，使球获得足够的冲力。踢球腿的摆动从形式上可分为"大摆幅式"和"小摆幅式"两种。

（1）"大摆幅式"：在跨步支撑的同时，踢球腿的大腿顺势后摆，小腿后屈与大腿形成一定的夹角，前摆时以髋关节为轴，大腿带动小腿前摆击球。这种踢摆动作的主要特点是摆幅大、力量强、摆时长。增加击球力量的主要途径是：靠大小腿折叠以缩短转动半径，增加转动角速度，并在角速度加大过程中，最大限度地增加摆动半径，以便有效地发挥肌肉力量。此种方法踢球的力量大、速度快，适用于远距离的传球或大力射门，但限于摆时较长，不适应快速出球的需要。

（2）"小摆幅式"：在跨步支撑的同时开始积极送髋，大腿前顶，小腿后屈，以膝关节为轴，小腿加速前摆击球。这种踢法以缩短半径、加快摆速为目的，动作快速突然，具有一定的隐蔽性，适用于在紧迫的环境和时间条件下快速出球的需要。但由于摆幅小，击球的力量也相对小，适用于中、短距离的传球与射门。

（四）脚击球

脚击球是踢球技术的核心，是决定出球质量的关键。它包含击球部位、击球时间和击球动作等因素。

1. 脚击球注意事项

（1）击球部位：击球时选择的脚与球的接触点，如球的后中部、后中下部还是后侧部等，它决定了脚对球施加作用力的关系和效果。击球部位的选择取决于多种因素,其中应以出球的目标和目的为主要依据,以保证踢球的目的性和准确性都符合实际需要。

(2)击球时间:指踢球脚作用于球的时间。在固定条件下,增加作用时间,能加大击球力量,并有助于控制出球方向。若缩短作用时间,则可加快出球速度。

(3)击球动作:指脚击球时的脚型控制和用力情况。击球时脚型的稳定是保证踢球质量的基础,可确保作用力准确地作用于球体,使出球准确有力。而踢球脚在击球时的动作变化可以改变出球的性能和方向。

2. 脚击球的方法

(1)摆击。摆击动作是以髋关节为轴、大腿带动小腿的大摆幅踢摆,击球后有明显的随摆动作,出球力量大、速度快,适用于中远距离的传球和射门。

(2)弹击。弹击动作是以膝关节为轴,利用小腿的加速前摆击球。击球动作短促、快捷,适用于踢地滚球和反弹球。

(3)抽击。抽击动作是在摆腿击球的刹那,大腿积极上提,小腿前摆停滞并顺势上拉,使球产生强烈的前旋,前冲力较大,适用于抽射空中球或弹起的高球。

(4)推击。推击动作类似弹击,踢球腿无明显的后摆,前摆推送动作明显,作用时间长,出球平稳准确,但力量较小,适用于近距离的传球和射门。

(5)敲击。敲击动作后摆小,前摆短快,击球后有明显的停滞或后撤动作,出球平直,速度快,适用于近距离的直接传射。

(五)随前动作

随前动作是指踢球腿击球后的一段随球摆动过程。这种随球摆动可以对尚未达到最高速度的球起到进一步加速的作用,同时有助于控制出球方向的稳定。脚与球分离后顺势前摆着地,可产生制动效果,并有缓冲前移冲力的作用。

二、脚内侧踢球(又称脚弓踢球)技术

(一)动作要领

1. 踢定位球

踢定位球时,直线助跑,支撑脚踏在球侧,膝关节微屈,脚趾指向出球方向。踢

球腿以髋关节为轴由后向前摆动,膝踝关节外展,脚尖稍翘,以脚内侧对准来球,当膝关节摆至接近球体上方时,小腿加速前摆。击球刹那,脚跟前顶,脚型固定,用脚内侧击球的后中部(图3-3-1)。

2. 踢地滚球

踢地滚球时,要考虑来球的速度、方向以及摆腿的时间,以调整支撑脚的选位,保证踢球腿能顺利地摆踢发力。

图3-3-1　脚内侧踢球

3. 踢弧线球

踢弧线球时,小腿略呈弧线摆击,用内侧蹭踢球的侧面,使球侧旋运行。

4. 踢空中球

踢空中球时,大腿要抬起,小腿应拖后,利用小腿加速前摆击球,抬腿的高度和摆腿的时间应与来球速度相对应,并根据出球的目标调整击球部位。

5. 踢反弹球

踢反弹球时,根据来球落点,及时移动到位,支撑脚的站位应与落点保持在踢定位球时支撑脚与球的相对位置。踢球腿摆动与踢定位球时相同。在球着地后刚弹离地面的瞬间用脚内侧击球的中部。

(二)训练实例

两人原地传接球练习(图3-3-2)。

两个标志桶之间8～10米的距离,两人一组,面对面站立,进行原地脚内侧传球练习。

要求:尽量两脚出球,接球前小碎步准备,传球前要有呼应,接球、传球前要抬头观察。注意接球、传球时触球部位的准确性。

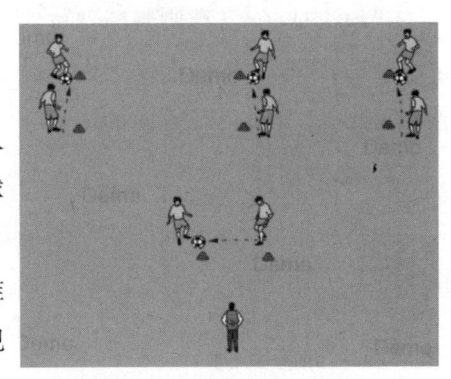

图3-3-2　两人原地传接球

三、脚背正面踢球技术

（一）动作要领

1. 踢定位球

踢定位球时，直线助跑，支撑脚踏在球侧，脚趾指向出球方向，膝关节微屈，在支撑脚前跨的同时，踢球腿大腿顺势后摆，小腿后屈。前摆时，大腿以髋关节为轴带动小腿前摆，当膝关节摆至接近球体上方时，小腿加速前摆，脚背绷直，脚趾扣紧，以脚背正面击球的后中部。击球后，踢球腿顺势前摆落地（图 3-3-3）。

图 3-3-3　脚背正面踢球

2. 踢反弹球

踢反弹球时，准确判断来球落点、反弹时间和角度，选好支撑脚的位置，在球落地刹那，踢球腿小腿加速前摆抢点击球，在球反弹离地时击球的后中部。

3. 踢地滚球

踢地滚球时，支撑脚判断选位，踢两侧滚动来球时，脚趾对准出球方向，击球部位应准确，以保证击球能发上力。对速度较快的来球，要通过摆踢力量和方向的调整，消除其速度对出球方向的影响。

4. 踢空中球

踢空中球时，支撑脚的选位要稍远，以踢球腿能顺利摆踢发力为原则，并可根据来球高度和出球目的选用抽击、弹击或摆击等踢球方法。

（二）训练实例

两人原地脚背正面踢、接球（图 3-3-4）。

两个标志桶之间拉开 20～25 米的距离，两人一组面对面站立，进行脚背正面传球练习。

要求：传球、接球的部位要准确，提高传球的准确性，接球前提前抬头观察周围的情况。

四、脚背内侧踢球训练

（一）动作要领

1. 踢定位球

踢定位球时，斜线助跑，助跑方向与出球方向约成 45 度，支撑脚踏在球侧后，脚趾指向出球方向，膝关节微屈，眼睛看球，重心稍微倾向支撑脚一侧。在支撑脚踏地的同时，踢球腿以髋关节为轴，大腿带动小腿由外后向前内略呈弧线摆动，膝踝关节稍外旋。当膝关节摆至接近球体的内侧上方

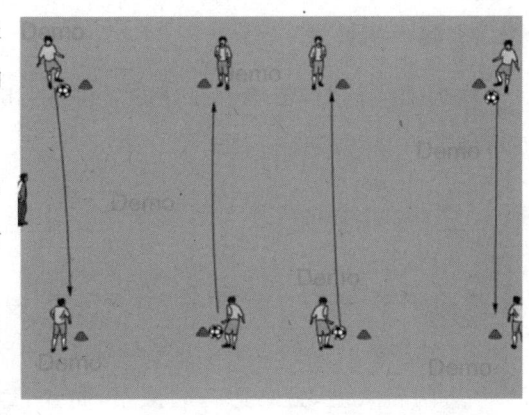

图 3-3-4　两人原地脚背正面踢、接球

图 3-3-5　脚背内侧踢球

时，小腿加速前摆。击球时，膝关节向前顶送，脚背绷直，脚趾扣紧斜下指，以脚背内侧击球的后中下部。击球后，踢球腿顺势前摆落地（图 3-3-5）。

2. 踢地滚球

踢地滚球时，要注意调整身体与出球方向的角度问题，以便踢球腿的踢摆发力。

3. 搓踢过顶球

搓踢过顶球时，踢球脚背略平，插入球的底部做切踢动作，击球后脚不随球前摆。

4. 转身踢球

转身踢球时，助跑最后一步略带跨跳动作，支撑脚的脚趾和膝关节尽可能转向出球方向，击球点应在球的侧前部，并利用腰的扭转协助完成踢摆动作。

5. 踢内弧线球

踢内弧线球时，击球点在球的后外侧，击球刹那，踝关节内旋发力，脚趾勾翘，使球内旋并呈弧线运行。

（二）训练实例

三人脚背内侧传、接球（图 3-3-6）。

20～25 米的范围，三人一组面对面站立，一边两名队员，另一边一名队员，每组一个球。由两名队员的一边带球出发，传球给对面队员后跑向对面，对面队员将球停在脚下后，向前带一段距离后（如图 3-3-6 曲线所示），再传给对面下一位队员，随后跑向对面，如此循环练习。

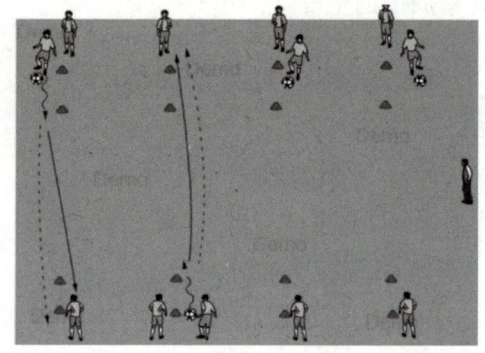

图 3-3-6　三人脚背内侧传、接球

要求：接球、传球的部位要准确，提高传球的准确性，接球前提前观察周围和对面的情况，传完球后要有一个短距离的速度变化，随后慢跑到对面。

五、脚背外侧踢球

（一）动作要领

1. 踢定位球

该动作方法类似于脚背正面踢球，只是踢摆时，脚面绷直，脚趾向内扣紧并斜下指，用脚背外侧击球的后中部。击球后，踢球腿顺势前摆着地（图 3-3-7）。

图 3-3-7　脚背外侧踢球

2. 踢地滚球

踢地滚球时，对踢球腿同侧的来球多用直线助跑，对异侧来球则多用斜线助跑，支撑脚要适当提前选位着地，其他动作则类似于踢定位球。

3. 踢外弧线球

踢外弧线球时,支撑脚踏在球侧后方,踢球腿略呈弧形摆踢,作用力方向与出球方向约成 45 度,击球点在球内侧后部,脚型同踢定位球。击球后,踢球脚向支撑脚侧斜摆,以加大球的外旋力量。

(二)训练实例

三角传球练习(图 3-3-8)。

范围 15~20 米,三角形站位,根据实际情况确定每个标志盘位置上队员的人数,用脚背外侧部位进行传球练习。一名队员出球后,跑向传球方向的标志物,准备下一次传球练习。可转换传球方向。

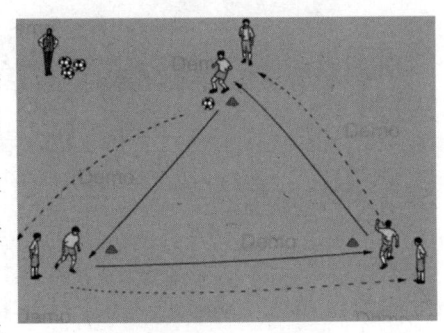

图 3-3-8　三角传球

要求:接停球的方向、传球的触球部位要正确,注意传球的速度和准确性。接球前提前观察周围及对面队员的情况,传完球要有一个短距离的速度变化,之后慢跑到对面。

六、接球技术

接球是指运动员作用身体的有效部位,将运行中的球有目的地接控在所需位置上的动作方法,是运动员获得球的主要手段。良好的接控球能力能为球队创造更多的进攻机会,也是保证进攻战术顺畅的重要因素。

(一)脚内侧接球

脚内侧接球用途广泛,接球平稳,可靠性强,运动时灵活多变。

1. 接地滚球

接地滚球时,要判断来球的速度和方向,及时调整身体正对来球,观察周围情况,选好支撑脚位置,膝关节微屈。接球脚根据来球的状态相应提起,膝、踝关节旋外,脚趾稍翘,用脚内侧对准来球。触球刹那,接球部位做相应的引撤或变向接球,将球控制在所需要的位置上（图3-3-9）。

图3-3-9　脚内侧接球

2. 接反弹球

接反弹球时要选择最佳支撑脚的位置，同时身体要跟上，接球腿小腿与地面形成一定的夹角。向下做压推动作时，膝关节要领先，小腿留在后面（图3-3-10）。

图3-3-10　接反弹球

图3-3-11　接空中球

3. 接空中球

接空中球时要选择最佳支撑脚的位置，根据来球确定接球动作的方向，接球腿要屈膝抬起，可根据需要采取引撤或切挡动作，接球落地后，应随即将球在地面控制住或控制在下一个动作的准备中（图3-3-11）。

（二）训练实例"回字形"

"回字形"接传球练习（图3-3-12）。

半径10~12米的范围，每组8人，4个球，外围4名队员位置不动，中间4名队员每接传球一次，便交换位置，根据教练员口令与实际情况统一进行顺时针或逆时针交换。

要求：接球前小碎步准备，注意传球的准确性和适当的球速，中间队员要集中注意力根据教练员口令提前观察下一个目标位置，传球后迅速跑向下一位置，再次准备接球，队员之间要呼应。

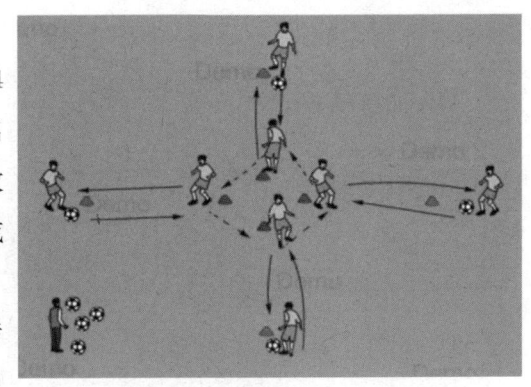

图3-3-12 "回字形"接传球

（三）脚背正面接球

脚背正面接球多用于接正面较高的空中来球，动作方便协调，容易连接下一个动作。

1. 特点

脚背正面接球的部位应是系鞋带的部位。其特点是迎撤动作自如、关节自由度大、接球稳定，但变化较少，适用于接下落球。

2. 动作要领

脚背正面接球时，身体要正对来球，判断来球路线和速度，支撑脚稳固支撑，接球腿屈膝提起，以脚背正面对球迎出，触球刹那，接球脚引撤下放，膝、踝关节相应放松，以增强缓冲效果（图3-3-13）。

图3-3-13 脚背正面接球

欲将球接于体前或体侧时,接球脚跟稍提,触球刹那踝关节适度紧张,通过触球面角度的调整,控制出球方向;欲将球接至身后时,接球脚脚尖要勾翘,踝关节适度紧张,接球刹那引撤速度要快,身体随之转动,控制出球方向。

(四) 训练实例

两人原地接球练习(图 3-3-14)。

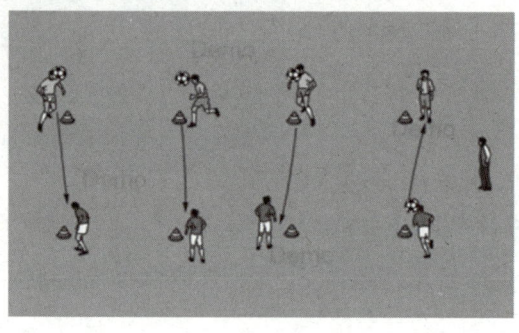

图 3-3-14　两人原地接球

10 米左右的直线距离,一名队员手抛球,另一名队员判断落点,用脚背正面停球,练习一定次数后交换位置(此训练可用于头球传球、胸部停球、大腿停球、脚弓停球、正脚背停球等练习,改变抛球高度即可,本次练习侧重脚背正面停球)。

要求:接球前小碎步移动等待接球,判断好落点,注意接球部位和接球时机。

(五) 脚掌接球

脚掌接球在比赛中多用于控制地面球和反弹球。在密集防守压迫下,可采用脚掌接球。这种接球方法控制稳,不易被抢。

1. 特点

脚掌接球的部位是以前脚掌为主。其动作特点是动作简单,控球稳定可靠,适用于接迎面地滚球或反弹球。

图 3-3-15　脚掌接球

2. 动作要领

脚掌接球时,判断来球路线或落点,选好接球位置并稳固支撑,接球腿屈膝提起,脚尖勾翘,使脚掌和地面形成一定的仰角,球临近或落地刹那,接球腿有控制地下放,用脚前掌部位触压球的后中部,将球控制在脚下(图3-3-15)。

采用脚掌接球方法时,为便于完成下一个动作,通常在脚掌触压球后连带一个拉引或推送动作,使球处在需要的位置上。欲将球接向身后,多用拉引动作;欲将球控在体前或体侧可用推送的方法。做这些动作时重心要随之移动。

(六)训练实例

三人传接球练习(图3-3-16)。

18～20米的范围,每组3人,2个球,两边两名队员持球位置不动,中间队员从一边接球后转身,再转身接另一边队员的传球。

要求:接球前小碎步准备,提高传球的准确性,传球速度适中,接球前先观察身后情况,传球后迅速转身准备接另一边队员的传球,队员之间要相互呼应。

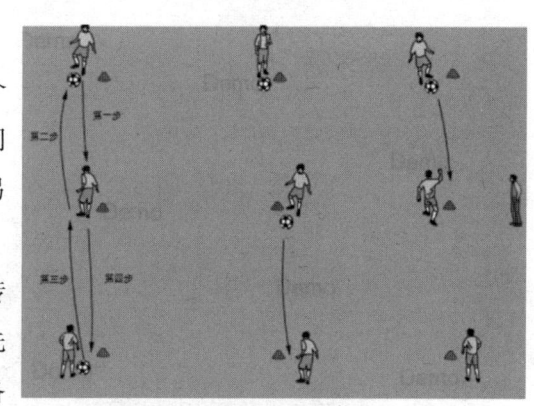

图3-3-16 三人传接球

(七)脚背外侧接球

脚背外侧接球方向性强,连接下一个动作目的性强,容易变向,机动性好。

1. 特点

脚背外侧接球特点是动作幅度小、速度快、灵活机动、隐蔽性强,但动作难度较大,接球时常伴随假动作和转体动作,适用于接地滚球和反弹球。

2. 接地滚球

接地滚球时,在判断来球状况的同时,观察周围情况,选好支撑脚的位置,运用合理的假动作或转体动作进行接球,接球腿屈膝提起,踝关节内翻,以脚背外侧对准来球。当球临近时,接球脚以脚背外侧推拨球的相应部位,将球控在所需要的位置上(图3-3-17)。

3. 接反弹球

接反弹球时,要判断好球的落点,抢占有利的接球位置,或运用假动作和转体假动作欺骗对手,接球腿小腿应与地面形成一定的夹角,以膝关节领先做扣压动作,防止球的反弹。

图3-3-17 脚背外侧接球

(八)训练实例

四角传接球练习(图3-3-18)。

图3-3-18 四角传接球

10米×10米的正方形,每组4名队员,1个球,外围4名队员位置不动,进行顺时针或逆时针的练习。传完球后队员位置不动(此练习可用于脚弓接球、脚内侧接球、脚外侧接球等,本次练习侧重脚外侧接球练习)。

(九)胸部接球

比赛中受场地区域和防守限制,处理平高球时选择胸部接球是较为合理的技术动作。

1. 特点

胸部接球技术的特点是触球点高，面积大，适用于接胸部以上的高空球。

2. 挺胸式接球

挺胸式接球时要判断来球的落点，选择适当的接球位置，身体正对来球，两腿自然开立，膝微屈，两臂自然放置在体侧，上体稍后仰与来球形成一定的角度。触球刹那，胸部主动挺送，使球触胸后向前上方弹起落于体前。

挺胸式接球的形式还有跳起、蹲跪和挺胸式传接球。跳起和蹲跪的技术要同挺胸式接球一样，只是在接球前做跳起或蹲跪的动作，而挺胸式接传球是在其原有的基础上，在胸部触球刹那，突然改变挺送的方向，将球顺势传给自己的同伴（图 3-3-19）。

图 3-3-19　挺胸式接球

3. 缩胸式接球

缩胸式接球适用于接齐胸的平直球。缩胸式接球与挺胸式接球的动作差异在于触球瞬间。当球接近时，将手臂向后放并张开胸部。当球触胸瞬间，迅速收腹、缩胸，缓冲来球的力量，使球落于体前（图 3-3-20）。

胸部接球的触球点高，接球后下落反弹。因此，做完胸部动作后，需及时将球控在脚下。如果要将球接向身体两侧时，在触球的刹那要突然转动身体，带动球变向。

图 3-3-20　缩胸式接球

（十）训练实例

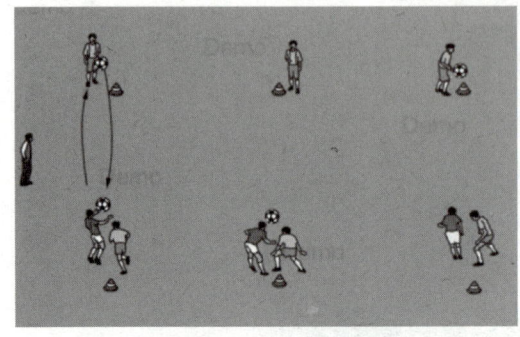

三人胸部停球练习（图3-3-21）。

15~20米的范围，3名队员1组，其中1名队员手持球抛球，另外两名队员进行一对一抢点胸部停球，球停下后踢给抛球队员（此训练可用于头球争顶、胸部停球、大腿停球等训练，改变抛球高度即可，本次训练侧重胸部停球）。

图3-3-21 三人胸部停球

（十一）大腿接球

大腿接球技术的特点是接触球部位面积大，而且大腿肌肉丰厚有弹性，所以该动作简单易做，适用于接有一定弧度的高球。

1. 接下落高球

接下落高球时身体正对来球，选好支撑脚位置并稳固支撑，接球腿屈膝上抬，以大腿中前部对准来球。触球瞬间，接球腿积极引撤下放，接球部位的肌肉相应放松，以加强缓冲效果，使球触腿后落于体前。

接力量较小的来球，还可采用大腿垫接的方法，即接球腿屈膝上抬迎球接球，接球刹那，大腿相对

图3-3-22 大腿接球

稳定，接球部位肌肉适度紧张，将球向上垫起。用这种方法接球，可在球落地前处理球，也可待球落地后将球控在脚下。

2. 接快速平直运行的空中球（该球高度不过腰间）

接快速平直运行的空中球时，身体正对来球，支撑脚向前跨出屈膝，接球腿膝关节向下，大腿与地面垂直或小于90度。在触球刹那，接球腿积极引撤，接球部位的肌肉也相应放松，以加强缓冲效果，使球触腿后落于体前（图3-3-22）。

（十二）训练实例

三人大腿停球练习（图3-3-23）。

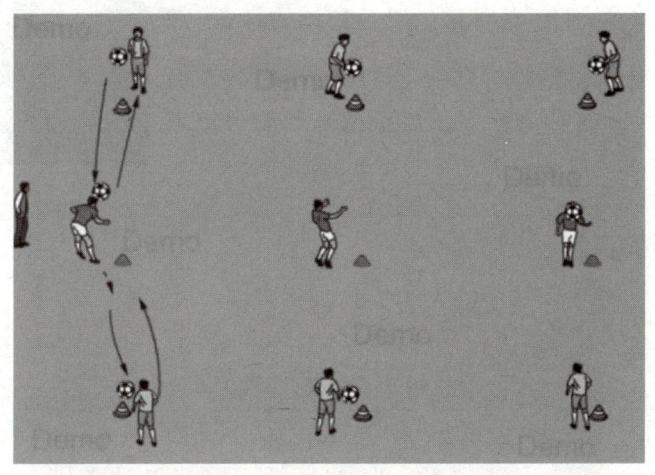

图 3-3-23　三人大腿停球

20米的距离分为两段，（各十米）3名队员1组，每组2个球，中间队员接两边队员的手抛球大腿停球，达到一定练习次数后交换位置（此训练可用于脚弓停球、头部停球、胸部停球、大腿停球等，改变抛球高度即可，本次训练侧重大腿停球）。

（十三）头部接球

1. 特点

头部接球技术的特点是接触球的点较高（用头部的前额接球），实用性较强，适用于接有一定弧度的高球。

2. 接下落高球

接下落高球时，身体正对来球，选好支撑脚位置并稳固支撑。当球接近时，身体不要向后倾斜过多,维持身体姿势,用前额部位对准来球,接球瞬间,稍屈膝下蹲,颈部适当放松,缓冲来球力量,使球触头后落于身体前。

接力量较小的来球时,还可采用头垫球的方法,即接球时头部肩部有缓冲动作即可。用这种方法接球,可在球落地前处理球,也可待球落地后将球控在脚下。

3. 接球后传给同伴

身体正对来球,选好支撑脚位置并稳固支撑,当球接近时,身体不要向后倾斜,在触球刹那,转体摆头点击给自己的同伴。这种接传方法可根据来球的力量来增加缓冲效果(图3-3-24)。

图 3-3-24 头部接球

(十四)训练实例

三人头部停传球练习(图3-3-25)。

图 3-3-25 三人头部停传球

边长6～10米的等边三角形,2人1组,每组1个球,一名队员在三角形的其中一个角手抛球,另一名队员在另外2个标志盘之间移动头部停球,停球后将球踢给抛球队员,后移动到下一标志盘,练习一定次数后交换位置(此练习可用于头顶球传球、大腿停球、胸部停球、脚弓停球、头部停球等,本次练习侧重头部停球)。

要求:注意头部停球位置的准确性,2个标志盘之间移动要迅速,脚下频率要快。

第四节　运球技术训练

运球技术是突破密集防守的有效进攻手段之一,足球运动发展到现在出现了进攻取胜越来越难、破门得分的机会越来越少的现象。在寻找出各种方法中,运球突破是最有效的手段之一。在现代足球发展向着越来越激烈、攻防质量越来越高的今天,运球技术成为各队取得成功的有效进攻手段。

一、运球技术的动作结构

图 3-4-1　运球

运球是运动员个人控制球能力和个人进攻能力的集中体现,熟练掌握和合理运用运球,对掌控比赛节奏、丰富战术变化、突破密集防守、创造射门机会都具有实际的意义。

运球技术按脚接触球的部位分为脚背正面运球、脚背内侧运球、脚背外侧运球和脚内侧运球4种。

运球技术包括跑动与触球两种要素。运球的跑动具有步幅小、频率快、重心低的基本特征。这种跑动方式有助于队员及时调整身体与球的位置关系,适用于运球急停、变速和变向等需要。运球的触球动作是一种推拨式的触球,这种方式有助于队员在运球时,在力量、方向上对球进行有效的控制。跑动与触球动作的协调转换和有序交替构成运球的动作过程(图 3-4-1)。

一个运球动作的过程往往包含多种触球的动作方法。但不论哪种触球方法,完成一次运球动作都要经历以下三种阶段。

1. 支撑脚踏地蹬送阶段

蹬送动作的作用是推动人体重心前移,维持身体相对平衡,保证运球脚顺利完成触球动作。这一阶段应尽量缩短支撑时间,积极蹬送,以加速重心的移动。

2. 运球脚前摆触球阶段

在支撑脚蹬送的同时,运球脚前摆触球给球以推动力。触球动作包括触球部位、触球时间、触球力量和触球方向等因素。只有熟练地把握好这些因素,并协调其相互间的关系,才能保证对球的有效控制。

3. 运球脚踏地支撑阶段

运球脚触球后应顺势落地支撑,并随即过渡到蹬送动作,以保证重心移动的连续性,使人体与球的移动保持一种协调关系,为运球动作过程的连贯、流畅奠定良好的基础。

在运球过程中,撑、蹬、摆、送动作是有序的统一体,应连贯完成。在此基础上重点解决好运球的前摆触球环节,这是掌握和提高运球技术的关键。

二、运球技术

(一)脚背正面运球

1. 特点

脚背正面运球的特点是:直线推拨,速度快,但路线单一,多在前方纵深距离较长的情况下运用。

2. 动作要领

运球跑动时身体自然放松,上体稍前倾,步幅稍小,两臂屈肘自然摆动。在运球脚提起时,膝关节微屈,脚跟提起,脚背绷紧,脚尖向下,在迈步前伸着地前,用脚背正面推拨球前进(图3-4-2)。

图3-4-2 脚背正面运球

（二）脚背内侧运球

1. 特点

运球动作幅度大，控球稳，虽不能加快速度，但是左右转换方向都很容易。主要适用于掩护性运球或运球变向，它是比赛中使用得最多的运球方法。

2. 动作要领

跑动时身体放松，支撑脚落在球侧方，身体稍向支撑脚一侧倾斜，运球脚屈膝，脚尖稍外转，用脚背内侧部位推拨球的后中部，拨球后运球脚及时落地支撑（图 3-4-3）。

图 3-4-3　脚背内侧运球

（三）脚背外侧运球

1. 特点

脚背外侧运球易于变化运球方向和发挥奔跑速度，还具有掩护球的作用。运用时灵活性、可变性强，运球形式可分为直线运球、曲线运球和变向运球。

2. 动作要领

（1）运球跑动时身体自然放松，上体稍前倾，两臂屈肘自然摆动，步幅稍小。运球脚提起，膝关节微屈，脚跟提起，脚尖稍内转。在迈步前伸着地前，用脚背外侧推拨球。

（2）直线运球时自然跑动，步幅偏

图 3-4-4　脚背外侧运球

小,上体稍前倾,两臂自然摆动,运球脚屈膝提起前摆,脚趾稍内转并斜向下指,当膝关节摆至球体后上时,用脚背外侧推拨球的后中部,重心随即跟上。

(3)曲线运球时,触球作用力方向应偏离球心,使球呈弧线运行。

(4)变向运球时,应根据变向角度的大小,调整支撑脚的位置和触球部位及运球脚用力方向,保证蹬摆用力与推拨球能协调一致(图 3-4-4)。

(四)脚内侧运球

1. 特点

与其他运球技术相比,脚内侧运球速度最慢,容易控制,多用于掩护性运球或运球变向。

2. 动作要领

运球时,支撑脚稍向前跨,踏在球的前侧方,膝关节稍弯曲,上体前倾向里转。随着身体向前移动,运球脚提起,用脚内侧推球的侧后中部(图 3-4-5)。

图 3-4-5 脚内侧运球

(五)训练实例

带球训练练习(图 3-4-6)。

图 3-4-6 带球训练

1. 组织安排

（1）左右脚内外侧运球，遇到另一组队员进行变向。

（2）分成两组，有球队员进行带球，要求队员原地不动，每组3～5分钟进行轮换。

2. 要求

多接触球，带球有明显的节奏变化。

三、运球突破训练

（一）运球突破动作分析

运球突破是指运动员根据战术需要以及对手的防守位置和重心变化情况，利用速度、方向或动作变化，越过防守队员的技术动作方法。通过运球突破可以获得时间和空间位置以及人数上的优势，从而突破对方防线，取得比赛主动（图3-4-7）。

图3-4-7 运球突破

（二）运球突破的技术方法

运球突破在技术方法的形式上多种多样，但都是利用运球者速度或方向的变化达到突破对手的目的。下面介绍几种典型的运球突破方式。

1. 强行突破

强行突破是指以突然推球和快速起动相结合的动作越过对手的动作方法。采用此方法过人时应注意以下几点：

（1）队员奔跑速度快，起动动作快而突然。

（2）准确掌握起动的时机，一般在对手企图抢球而又犹豫不决的刹那而进行突破。

（3）对手的身后有较大的空当，突破后其他队员不能及时补位。

（4）推拨球的距离要稍远些，以便加快奔跑速度超越对手（图3-4-8）。

图 3-4-8　强行突破　　　　　　　　图 3-4-9　假动作突破

2. 假动作突破

假动作突破是指运球队员利用腿部、上体、头部虚晃或眼神的变化，佯装传球或者射门以迷惑对手，使其产生错误的判断，从而趁机越过对手的动作方法。采用此方法过人时应注意以下几点：

（1）将主要精力集中在观察对手的反应和动作上。

（2）随时准备，能突破就突破，不能突破也要控制住球。

（3）假动作要逼真，但晃动时身体重心不能超过支撑点。

（4）由晃到拨的动作要突然而快速（图 3-4-9）。

3. 快速拉、扣、拨球突破

这种突破是指通过用脚的快速拉、扣、拨球动作，不断地变换运球方向，越过对手的动作方法。采用此方法过人时应注意以下几点：

（1）拉、扣、拨的动作必须熟练而准确。

（2）随时观察对手的反应，一有机会，马上突破。

图 3-4-10　快速拉、扣、拨球突破

（3）身体重心的移动不宜过大。

（4）要配合身体和头部的假动作（图 3-4-10）。

4. 变速运球突破

变速运球突破是指利用运球速度的突然变化摆脱对手的动作方法。采用此方法过人时应注意以下几点：

（1）要以远离对手的脚控制球，并做侧身掩护动作。

（2）运球速度的变化要突然、隐蔽。

（3）能随时控制住运球的速度（图 3-4-11）。

图 3-4-11　变速运球突破

图 3-4-12　人球分过突破

5. 人球分过突破

人球分过突破是指运球者和球分别从防守者的两侧越过的动作方法。该方法多是在攻方队员处于活动中而防守队员尚未取得正确防守位置时运用。采用此方法应注意以下几点：

（1）运球的路线要稍偏于对手的一侧。

（2）要在对手即将取得正确防守位置之前进行突破。

（3）推出的球最好呈弧线运行绕过对手，在推球的同时突然加速，从对手的另一侧越过得球（图 3-4-12）。

（三）运球突破的基本动作

1. 拨球

拨球是用脚踝的拨动动作，以脚背内侧或脚背外侧触球，使球向侧方或侧前方滚动。用脚背内侧拨球的动作叫"里拨",用脚背外侧拨球的动作叫"外拨"(图3-4-13)。

图 3-4-13 拨球

图 3-4-14 扣球

2. 扣球

扣球是运动员突然转身和脚踝急转扣压动作,以脚背内侧或者脚背外侧触球,使球向侧后方停下或改变运动方向。用脚背内侧扣球的动作叫"里扣",用脚被外侧扣球的动作叫"外扣"(图3-4-14)。

3. 拉球

拉球是指用脚掌将球向前、向后或向左、向右做拖拉动作(图3-4-15)。

图 3-4-15 拉球

图 3-4-16 挑球

4. 挑球

一般用脚背部位与脚尖翘起上挑的动作或用脚背上撩的动作,使球向上改变方向,从对手身侧或头上越过(图3-4-16)。

(四)训练实例

二人运控球练习(图3-4-17)。

(1)长度15~20米之间。

(2)两人一组同时进行带球,之后遇到标志物做变速变向练习(右脚拖拉球、双脚拖拉球、内扣外带等)。

(3)多接触球,带球前进时一步一带。

(4)注意观察和呼应,两边应同时开始。

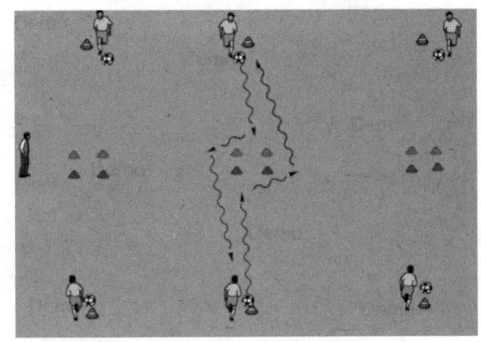

图3-4-17 二人运控球

(五)训练实例

带球绕标志物练习(图3-4-18)。

1. 形式

(1)带球直线绕标志物,之后在中间进行两次变向后,直线带球到对面。

(2)两边队员同时开始进行。

(3)直线绕标志物(左右脚内扣外带、左右脚结合内侧、左右脚拉球、左右脚结合内扣外拨。遇到标志桶右脚内侧绕桶、左脚内侧绕桶、左右脚外侧绕桶、左右脚拉球绕桶)。

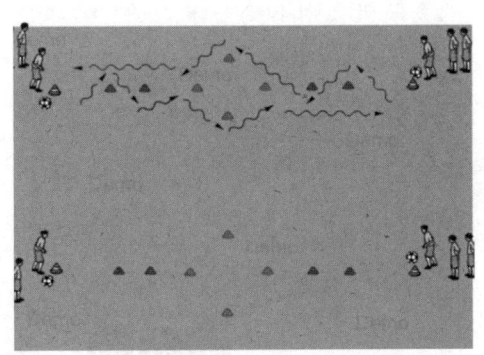

图3-4-18 带球绕标志物

2. 训练要求

(1)不要失去对球的控制。

(2)规定动作外的非限定脚尽量不要帮忙(如限制右脚运球,左脚就不要帮忙)。

（3）需要强调抬头观察、触球部位、带球重心、一步一带球。

（4）在中间的两次变速、变向、假动作摆脱需要有速度快慢的变化以及动作幅度的保证。

（六）训练实例

二对二形式练习（图 3-4-19）。

1. 范围

25 米×12 米（二分之一五人制足球场）。

2. 形式

标志物共摆设 4 个小门（如图摆放）。

3. 训练要求

（1）在进攻区半场才能射门。

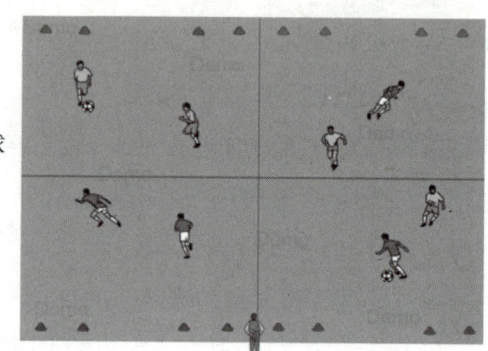

图 3-4-19　二对二

（2）使用变速、变向等方法在前场过人成功后射进小门才算得分。

（3）在正确场区（前场）合理使用动作（变速变向）进行过人。注意观察，如没有好的突破机会则不要丢球。

拨、拉、挑、扣、推既是过人的基本动作方法，又是技术教学中用于熟悉球性的行之有效的练习方法。在比赛中，这些动作既可单独使用，也可有机地结合使用，切记僵化地套用概念模式，而应视比赛的需要，以娴熟的球性为纽带，通过合理的技术组合，使技术发挥更大的效力。

第五节　头顶球技术训练

一、头顶球技术

头顶球是指运动员有目的地用前额将球击向预定目标的动作。足球比赛中不仅要处理各种各样不同形式和不同状态的地滚球,同时也要处理各种空中球。实践证明,头顶球的击球位置高,是争取时间和空间的主要技术手段。它在传球、射门、阻截和抢断等方面发挥的优势日趋明显,运用范围不断扩大,不仅是破坏对方进攻的有力武器,而且经常成为决定比赛胜负的致命手段。

二、头顶球的动作分析

头顶球是一个自上而下全身协调发力的动作过程,它的动作结构主要包括以下4个环节:判断与选位—蹬地与摆动—头触球—触球后身体的控制。

(一)判断与选位

判断与选位是完成头顶球动作的前提,可直接影响击球的时间、力量和方向。合理的选位应以准确的判断为依据,因此,运动员首先要判断来球的路线、速度和性质,并据此进行相应的移动选位,选位中两眼要始终注视球的发展变化,及时调整自己的移动路线,使自己处于最佳的预顶位置(这一位置既能保证顶球动作的顺利完成,又能达到理想的出球效果)(图3-5-1)。

(二)蹬地与摆动

蹬地是头顶球的起始发力阶段。其作用是:在跳起顶球时,利用下蹬反作用力,起跳腾空,使身体到达跳顶位置,通过有力后蹬,加速身体的摆动,增大顶击力量。

图3-5-1 头顶球

摆动是顶球的主要力量来源,摆动效果主要取决于腰腹部肌肉的力量与动作协调性。摆动的幅度应根据顶球的目的确定。大幅度的动作方法是通过身体的反向背弓或侧屈,使另一侧的肌肉充分伸展拉长,以加强腹背肌肉屈伸作用,为加快摆速创造条件。大幅度的顶球力量大、出球有力、速度快,适用于较远距离的传球、破坏球和大力射门。小幅度的顶球是利用腹部肌肉的弓身拉长与收缩,靠颈部猛然加力顶击球,其动作准备期短,动作突然,出球线路灵活多变,但力量较小,适用于短传和近射。

(三)头触球

这一环节的主要任务是保证头顶击球的效果。头触球这一环节为主动击球,也称为击球动作。其动作包含顶球时机、顶球部位和顶球刹那颈部发力等因素。

1. 顶球时机

从理论上讲,最佳的顶球时机应是头部摆至垂直部位时发力顶击,因为这时身体重心相对平稳,便于动作的控制,能够充分发挥摆体的速度,否则将会影响顶球的力量。

2. 顶球部位

顶球部位是指顶球时头与球的对应部位,包括头的触球部位和击球点,它直接影响顶球的准确性和力量。因此,应根据来球的路线、出球的方向来确定相应的顶球部位,以保证球能按预定的目标运行。

3. 顶球刹那颈部发力

颈部发力动作是整个发力过程的最后阶段,它的发力应短促有力,这样才能较好地把握顶球时机,并保证击球的速度。常见的有向前顶送、向下点击、向侧摆甩和向后蹭顶等发力动作,击球时颈部的适度紧张具有一定的保护作用(图3-5-2)。

图3-5-2 侧面头顶球

(四)触球后身体的控制

顶球后,身体姿势的控制将会直接影响到下一步的行动。因此,在冲顶、跳顶、争顶或鱼跃顶球后,既要注意落地缓冲和保护动作,又应注意控制身体姿势,保持重心的稳定,保证动作的转换速度。

三、头顶球技术的特点与动作

头顶球的方法很多,但按顶球的部位可分为前额正面顶球和前额侧面顶球两种方法。

(一)前额正面顶球

1. 特点

前额正面顶球是头顶球技术中最为常见的方式,其特点是触球部位平坦,动作发力顺畅,容易控制出球方向,准确性强,出球平稳有力。

2. 动作要领

(1)原地顶球时,身体正对来球,两脚前后站立或平行站立,膝关节微屈,两眼注视来球,上体稍后仰,两臂自然张开,挺胸展腹,下颌收紧。顶球时,蹬地、收腹、摆体、顶送发力,当头摆至身体垂直部位时,用前额正面顶击球的后中部,顶击球瞬间,颈部肌肉保持紧张,顶球后继续前进,以便于控制出球的方向。

(2)转身顶球时,身体稍侧对来球,出球方向一侧的支撑脚靠前站立,以便转体发力。击球刹那,后脚用力向出球方向蹬转带动身体转动,当身体转向出球方向时加速摆体,用前额部顶击球(图 3-5-3)。

图 3-5-3　额正面顶球

(二)训练实例

头顶球练习(图 3-5-4)。

1. 范围

半径 10 米或 15 米的一个圈(可根据实际情况确定)。

2. 形式

(1)围成一个圈,每个点上的每名队员各一个球(外围),圈里的队员随意在圈里进行跑动,寻找圈外队员进行头顶球练习,圈外队员抛球,圈内队员顶回球,之后圈内队员再寻找下一位圈外队员进行练习。

(2)一定时间后圈内圈外队员交换(可根据实际情况确定)。

3. 训练要求

(1)注意头球技术的正确性(触球部位、连续性等)。

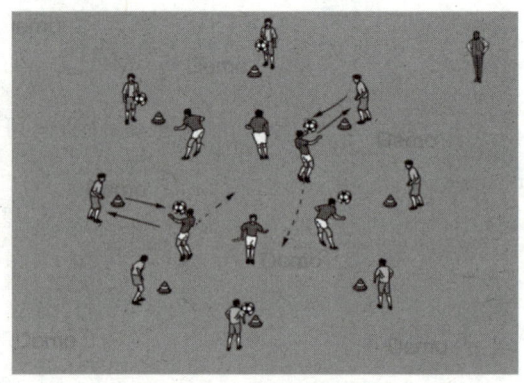

图3-5-4　头顶球训练

(2)在没有基础时,可顶1次或2次后将球抱住,再接着练习,直到慢慢熟练为止。

4. 练习过程中易犯错误

(1)击球刹那闭眼缩颈,不是主动地用前额击球,而是被动地让球击打头部。

(2)击球时机掌握不好,使头在被动位击球,影响顶球发力的效果。

(3)上、下肢与身体的配合不协调,发力动作出现脱节和停顿。

(4)跳起顶球时,起跳点、起跳时机和击球时机掌握不好;腾空后对身体的控制能力差,影响顶球动作的质量和出球效果。

5. 纠正错误

(1)可采取本人持球、做主动击球练习,要求击球瞬间不能闭眼,找准前额的击球部位。

(2)进行徒手的模仿练习,体会上、下肢与身体的配合发力动作。

(3)自抛自顶或两人一抛一顶的配合练习,掌握击球时机,体会顶球发力的效果。

(三)前额侧面顶球

1. 特点

前额侧面顶球的特点是击球动作快捷,变换方向突然,顶出球的运行线路难以预测,但该动作难度较大,侧摆发力和出球方向较难控制,适用于应急时破坏球和门前的头球攻门。在实际比赛中,运用该技术对球门的威胁很大。

2. 动作要领

原地顶球时,选择好击球的方向,身体稍侧对来球,两脚自然前后站立,击球一侧的支撑腿在前,身体稍向侧后微屈,重心落在后脚上,两臂自然张开,眼睛注视来球,顶击球时,后脚向击球方向猛力蹬伸,身体随之向出球方向转动侧摆,同时颈部侧甩发力,用额侧部将球击出(图3-5-5)。

图 3-5-5 前额侧面顶球

(四)训练实例

三人头球练习(图3-5-6)。

1. 范围

边长5~8米的等边三角形。

2. 形式

三名队员一组,每组一个球,一名队员在三角形的一个标志物上持球抛球,另一名队员在

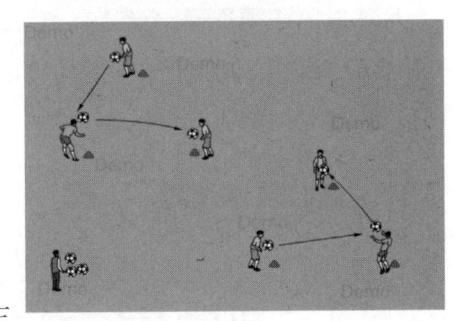

图 3-5-6 三人头球

另两个标志物之间移动头顶球,顶回给持球队员。一名队员做完后与另一名队员交换。

3. 易犯错误

(1) 支撑脚站位不当,不能充分利用腰腹力量发力击球。
(2) 身体侧屈转体和回转侧摆动作不协调,影响顶球发力的效果。
(3) 起跳后,上、下肢与身体的配合不协调,发力动作出现脱节和停顿。
(4) 起跳点和起跳时机掌握不好,影响顶球动作的质量和出球效果。

4. 纠正办法

(1) 进行徒手的模仿练习,体会原地和跳起时上、下肢与身体的配合发力动作。
(2) 可采取两人配合的练习,一抛一顶,掌握击球时机,体会转体时腰腹发力的效果。

第六节 射门技术训练

一、射门技术

　　足球的射门技术是至关重要的一个环节,因为任何的进攻,不论组织得多么漂亮,如果最后没有把球射进球门,也就失去了任何意义。对于足球运动员而言,掌握多方位的足球射门技术是至关重要的。

　　足球射门必须准确、突然、有力。准确是射门的前提,在准确的基础上,要射得突然,往往能使对方守门员猝不及防。运动员要善于应付射门时遇到的各种情况,灵活地调整射门的方式方法。

二、射门技术练习

　　比赛中在不违规的情况除手之外的身体其他部位均可触球射门得分,正常的射门动作可分为脚内侧(脚弓)射门、脚背内侧、正脚背、外脚背、脚尖捅射、挑射等技术。

(一) 脚内侧(脚弓)射门

　　脚内侧是踢球最常用的部位,触球的面积比脚的其他部位都大,这使得在踢球时可以更容易地控制球。

1. 动作要领

　　踢定位球射门:射门时保持身体平衡,向足球顺势提腿,当立足脚站在足球侧的时候,轻扭身体膝转向外,射门脚要保持紧张状态,立足脚的脚尖要朝向球门的方向,用脚弓去撞击足球的中部将球射出(图 3-6-1)。

图 3-6-1　脚内侧(脚弓)射门

2. 优缺点

优点:射门的准度较好掌握,起脚后较易改变方向,离球门较近时采用这种射门方式。

缺点:由于踢球时要求大腿前摆到一定程度时需要外展且屈膝,故大腿与小腿的摆动都受到限制,因此出球力量相对较小,射门力量偏弱,对手容易判断球的去向。

(二) 练习实例

二人脚内侧传球练习(图 3-6-2)。

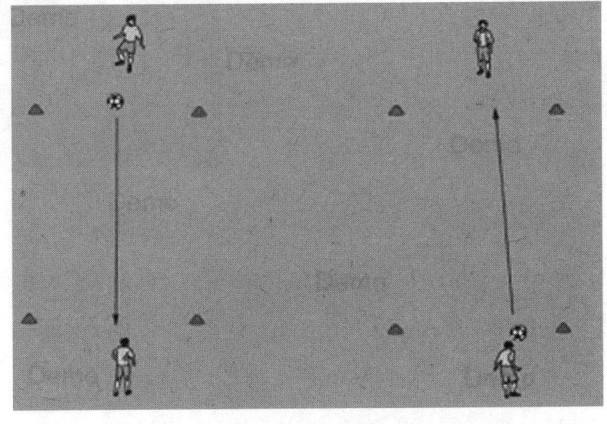

图 3-6-2　二人脚内侧传球

1. 形式

需要四个标志碟,如上图摆放,利用脚弓准确地将球射进两标志碟的区域范围内。在推射时做到主要控制力量和感受触球部位,根据掌握程度逐渐减小标志碟区域距离。

2. 要求

(1)传球部位要准确。

(2)传球速度要适当。

(三)脚背内侧射门

脚背内侧射门是踢摆动作顺畅、幅度大,脚触球面积大,出球平稳有力且性能和路线富于变化的一项射门技术。

1. 动作要领

直线助跑,支撑前的最后一步稍大些,支撑脚站在球的侧面约15厘米处,脚尖正对出球方向,支撑腿膝关节微屈。在支撑脚着地时,踢球腿大腿带动小腿由后向前摆动,在前摆的过程中大腿外展,当膝关节的摆动接近球的正上方时小腿做爆发式摆动,在触球前将脚跟送出使得脚内侧部位所形成的平面与出球方向垂直,踢球脚脚底与地面平行,脚尖微微翘起,踝关节功能性地紧张使脚型固定,触球后身体跟随移动,髋关节向前送(图3-6-3)。

图3-6-3 脚背内侧射门

2. 优缺点

优点:脚背内侧射门力量大,多用于转身射门。当球在身体侧前方或离身体稍远时,都可用脚背内侧射门。它可以突然改变射门角度,如斜线插入时,守门员必然会移动位置,以封住近角,此时进行半转身射门,易使球射入远角。

缺点:对射门的脚法要求较高,射门的角度不容易控制。

(四)练习实例

分组射门练习(图3-6-4)。

图 3-6-4 分组射门

1. 形式

禁区前 15 米放两个标志桶,每名队员带球至标志桶,进行变向后利用脚背内侧搓射打门远端(在比赛当中看守门员站位,如果守门员站在近端可以采用这种射门方式)。

2. 要求

注意射门时触球部位的准确性、射门的方向与角度,每次射门尽量在门框范围内。

(五)正脚背射门

正脚背射门是足球比赛当中队员发动进攻惯用的一种技巧,也是一名足球前锋必备的基本素质,然而这个技术动作并不是很容易掌握,如果掌握不好,会起到相反的作用。

1. 动作要领

(1)射门的时候最佳进入角度是 45 度,根据各人感觉不同可以有偏差,通常进入角度不宜太平。

(2)支撑脚位置决定射门的方向。支撑脚要踩在球侧 15~25 厘米的距离,大脚趾的指向就是射门方向,重心完全落在支撑脚,保持平衡。一般情况下支撑脚在球侧面或侧前方。合理范围内支撑脚踩得越靠前,越有利于压低球。支撑腿要有一定弯度,一来确保脚背与球的充分接触,二来为后面身体重心前移提前做准备。

支撑腿越弯,身体就越低,脚背触球面积就越大。

(3) 射门腿要尽量后摆,最好是脚跟碰到臀部。脚面绷紧,脚趾向下。脚面绷紧很重要,不管腿发力多大,脚面脚踝没有绷紧的话就成了最弱一环,还是没力量,发上力的话瞬间会有球被压扁然后弹出去的感觉。

(4) 正脚背击球的中央,方向应该是贯穿直径的。如果击中球的中央,但是方向不是贯穿直径的,那就是没有踢中正确部位,球会踢偏。脚背正面偏内侧一点靠近脚踝部位是骨头,是脚面最硬的部位,用来击球力量最大。

(5) 最后是跟进重心的前移,首先腿脚跟着球随摆,其次身体重心也要前移,目的是把重量转移到射门脚,增加射

图 3-6-5　正脚背射门

门力量。这样带来的效应就是身体向前向上提,如果速度够快还会离地(图 3-6-5)。

2. 优缺点

优点:正脚背射门力量大、准确性高,运用最广,是射门脚法的基础脚法。如射正面、斜侧、转身等地滚球,又如横扫、摆、弹、抽、倒勾等射凌空球。

缺点:容易打高,有时踢不上力,踢太正或踢太偏,对脚法要求高,需要长时间练习。

(六) 练习实例

小组射门练习(图 3-6-6)。

1. 形式

传球给对面队员接回传正脚背射门。

2. 要求

在射门时注意插上时机,在射门前可调整一次(熟练后可直接打门),尽量不要直接打门,同时注意触球部位与准确性。

图 3-6-6　小组射门

（七）外脚背射门

外脚背射门的特点是预摆动作小，出脚快，能利用膝、踝关节的灵活变化改变出球方向和性质，具有一定的隐蔽性。外脚背射门是一种实用性较强的技术，同时也是一种较难掌握的射门技术。

1. 动作要领

（1）踢定位球射门时，助跑、支撑脚的位置和踢球腿的摆动基本上与脚背正面踢球相同，只是用脚背外侧接触球。在踢球腿的膝盖摆到接近球的正上方的刹那，小腿做爆发式前摆时，膝盖和脚尖内转，脚面绷直，脚趾扣紧，以脚背外侧部位踢球的后中部，踢球腿随球继续前摆。

（2）脚背外侧踢弧线球射门时，支撑脚踏在球的侧后方约 15～20 厘米

图 3-6-7　外脚背射门

处，踢球脚的脚腕用力，并以脚背外侧踢球的后中部，摆腿的方向不通过球心，并向支撑脚一侧的前方继续摆动，以加大球的旋转。

（3）脚背外侧踢弹拨球射门时，踢球腿以膝关节为轴快速侧摆或侧前摆。击球时，踝关节快速转动将球弹出，踢球脚快速收回。运用这种踢法可将球快速弹拨到踢球脚的外侧或侧前方（图 3-6-7）。

2. 优缺点

优点：外脚背射门威胁力大，突然性强，具有隐蔽性，能射各种方向来球，如射正面、小角度、横侧、前后斜侧、凌空球等，并能射出直线球和弧线球。

缺点：在面对不同方位的来球时，射门时触球部位不容易把握，把球射进门的成功率不高。

（八）练习实例

小组绕标志物射门练习（图3-6-8）。

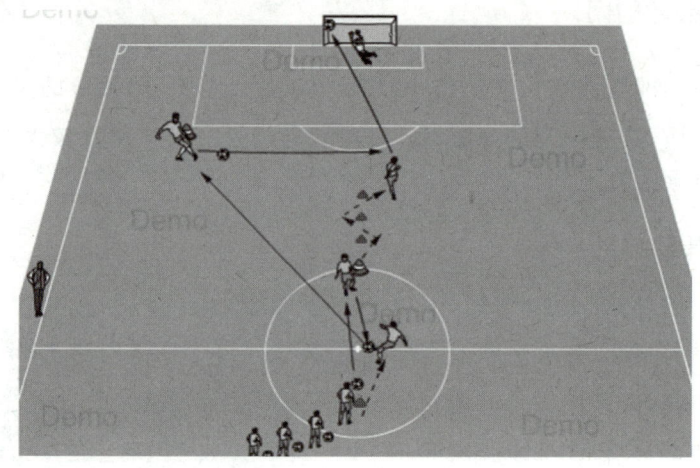

图3-6-8　小组绕标志物射门

1. 形式

标志桶2个，标志盘4个，接球回传后转身移动摆脱接第三个人横传。

2. 要求

2个人外脚背射门（射门前要观察守门员站位，如果守门员站远角可以采用这种射门方法，练习时守门员都站远角）依次轮换。射门可调整一次，也可以直接射门，同时注意触球部位与射门角度的准确性。

（九）脚尖捅射

脚尖捅射是指在足球离身体较远或没有时间、空间发力射门的时候，用脚尖去

"够"足球，即我们通常说的大脚尖，队员在射门时用脚尖踢球的中部，将足球捅进球门。这种射门极其隐蔽，出其不意，守门员很难判断，但在正式比赛中不太常见。缺点为不能发力，导致球速较慢，被守门员捕捉到球路，容易被扑住（图3-6-9）。

图3-6-9　脚尖捅射　　　　　　　　图3-6-10　挑射

（十）挑射

挑射是一种技巧射门的方法，需要观察守门员的站位，当守门员站得离球门比较远时可以采用这种射门方式，当球员控制的球在半空中时，可以用脚轻挑球的底部，球就会越过守门员的头顶进入球门（图3-6-10）。

第七节　守门员技术训练

一、守门员技术

守门员的位置决定了他与场上其他队友在技术、战术、活动方式和心理方面具有极大的区别，其主要职责是控制罚球区，确保球门安全。现代足球要求守门员除守住球门不失球以外，还需扩大防守区域，充分利用规则赋予其在本方罚球区可用手触球的特权，封锁和控制本方罚球区的空间。同时，守门员所处的位置优势便于观察和分析全场的攻守情况，所以，守门员往往既是本队防守的组织者、协调者，又是进攻的始发者。

二、守门员技术分析

守门员技术是一种位置技术,从防守行动的过程来分析,可大致分为以下阶段。

1. 观察判断

观察是守门员防守的第一步,守门员视野既要开阔,纵观全局,了解攻防队员的位置关系和动态变化,又要有所侧重点,以攻防转换的发展为核心。在观察的基础上,守门员要通过思维分析进行判断,从场上形势的变化和对手的跑位来判断其进攻意图,从球的运行状态来判断其路线、性能、速度和落点,从而为防守做好积极的心理准备和动作准备。

2. 移动选位

守门员的选位是指通过有目的地移动调整自己与球和球门的位置关系。从站立角度上,守门员应选在球与球门线中点的连线上;从站位距离上,守门员向前应能最大限度地封堵射门角度,向后则能有效地防止对方的吊射(图3-7-1)。

图 3-7-1　守门员移动选位

3. 准备姿势

准备姿势是指守门员采取防守行动前的身体姿势。其动作是两脚平行站立,上体略前倾,两脚自然屈蹲,脚跟稍提,重心落在前脚掌上,两臂在体前自然屈伸,掌心向下,手指张开,眼睛注视来球,使身体处于"一触即发"的良好状态。

4. 防守应答

防守应答是指守门员对那些可能对球门构成威胁的来球做出相应的反应,包括心理反应和应答动作。其中,反应的准确性和敏捷性直接影响应答动作的完成,而应答动作的速度与合理性则直接影响防守动作的效果。

5. 接球后的行动

守门员接到球后,即意味着防守行动的结束和进攻的开始。因此,守门员要具有强烈的快速进攻意识,并具有发动进攻的能力。接到球后的第一反应是能否发动快攻,要迅速观察前场队员的行动和意图,只要前场队友处于有利位置并采取前插的动作,则应及时将球传出,发动有力的进攻。若没有快攻的机会,则应根据场上攻守双方队员的行动与态势,将球发至最有利于下一步进攻的队员。由于竞赛规则对守门员持球持续时间有限制,所以要求守门员应具备良好的快速观察和判断能力。

三、守门员技术的特点与动作要领

守门员的有球技术包括接球,扑球,托、击球和发球等动作方法。

(一)接球

接球是守门员技术的重点,也是运用最为常见的技术,其特点是简单、容易掌握、运用范围广泛、稳定性要求高。接球是守门员必须熟练掌握的基本能力,从手型上可分为上手接球和下手接球。

1. 上手接球

上手接球的基本手型为"球窝"状,掌心向前稍内倾,手指向上,拇指靠拢。上手接球适用于接胸部以上的各种高球。接球的基本姿势分为原地站立接球和单双脚跳起接球(图3-7-2)。

图 3-7-2 站立式接球

2. 下手接球

下手接球的基本手型为"簸箕"状，手指张开，掌心向上，小拇指靠拢。当球临近时，根据来球的高度做好相应的接球姿势。接球时，两臂伸出迎球，手型相对稳定，角度合理。当手指触球刹那，屈臂夹肘收球缓冲，并顺势屈腕、压胸，将球抱于胸前。下手接球适用于接地滚球、低平球、低弧度的反弹球和高弧度的落降球。接球的基本姿势有跪式、俯背式和站立式(图3-7-3)。

图 3-7-3　跪式接球

3. 接球手型

原地接球时，身体正对来球，当球临近时，两臂举起迎球，控制好接球手型。触球刹那，掌心要空，手腕手指用力接球，手臂顺势下引缓冲收球，手腕扣紧，前臂旋外夹肘，两手贴紧球体表面翻转滑动，将球牢牢抱于胸前(图3-7-4)。

图 3-7-4　原地上手接球

跳起接球时，首先要观察来球的路线，判断来球的旋转方式和落点，然后选定起跳点，掌握起跳时机，保持身体在空中的平衡。跳至最高点时，伸臂展体将球接住或一腿提膝内扣做自我保护，并顺势收于胸前。落地时，注意屈膝缓冲(图3-7-5)。

图 3-7-5 跳起接球

(二) 扑球

扑球是守门员技术的难点,也是守门员技术中最具有观赏性的动作。其特点是在守门员重心无法移动的情况下,利用直接倒地或腾空倒地,加速重心向球侧移动的一种动作方法。扑球可分为倒地侧扑接球和腾空跃起侧扑球两种。

1. 倒地侧扑接球

守门员扑两侧球时,首先做好准备姿势,两眼注视来球,身体重心置于两腿之间,两脚时刻准备蹬地,精力集中。扑球时,异侧脚内侧侧蹬发力,同侧脚屈膝迎球跨出,上体顺势压扑以加速重心的前移倒地,双臂同时迎出接球,腕关节稍内扣,用手掌挡压控球。触球后,屈臂收球于胸前,并快速同时迎抱球起身。侧倒过程以小腿、大腿、臀部、肩和手臂外侧顺序缓冲着地。

守门员扑脚下球时,先做好准备姿势,两眼注视来球,并判断对手将要起脚射门的方向。扑球时,重心降低出击迎球,在对手起脚射门的刹那,快速倒地侧扑封堵球路,将球接住或挡出,随即做屈膝团身动作进行自我保护(图 3-7-6)。

图 3-7-6 倒地侧扑接球

2. 腾空跃起侧扑球

守门员扑地滚球时，确定来球路线后，迅速降低重心，身体向球侧倾斜移动。同侧脚侧上步，用脚掌外侧蹬地发力，使身体呈水平状腾空，两手同时快速迎球，身体展开。接球手型成"球窝"状，靠压腕和手指用力将球控住。落地时，两手按球，随即屈肘，以前臂、肩部、上体侧面和下肢依次着地。注意屈膝团身护球，并顺势抱球起身。

图 3-7-7　腾空跃起侧扑球

扑平高球时，当身体重心倾移至踏跳脚时，用脚外侧发力猛蹬，使身体向来球的方向跃起腾空。手臂伸出迎球，身体充分伸展，并以"球窝"状手型发力将球按稳，随重心降落，开始落地缓冲，动作方法同扑地滚球（图 3-7-7）。

（三）托、击球

托、击球是守门员接扑球技术在应急情况下的应变作用。其特点常和出击接高球与跃起扑球动作联系在一起，具有紧急应变、即兴发挥的作用。

1. 托球

托球一般用于临近球门的防守。对射门力量大、角度刁、贴近球门横梁或立柱的球可采用托球，托球时多用于单臂，以增加触球的高度。托球时近球侧手臂伸出迎球，触球刹那，手腕后仰，用掌根部顶推发力，将球向侧面或上方托出（图3-7-8）。

图 3-7-8　托球

2. 击球

击球一般用于出击时的防守。在争抢高球没有把握接住球的情况下，可利用单、双拳将球击出。单拳击球时，在起跳上升阶段，击球手臂位于肩侧，屈肘握拳，身体侧转，至最高点时，身体快速回转，以肘带肩挥拳，用拳面将球击出（图3-7-9）。双拳击球时，在起跳上升阶段，双臂于胸前屈肘握拳，两拳靠拢，拳心向对，至最高点时，双拳同时迎球冲出击球（图 3-7-10）。

图 3-7-9　单拳击球

图 3-7-10　双拳击球

（四）发球

发球是守门员组织发动进攻的技术手段。在守门员组织进攻时，其发球特点是能快则快，不能快则稳，以快为主，保证稳妥。守门员发球包括踢发球和抛掷发球两类。

1. 踢发球

踢发球常用的方法有踢定位球、踢高抛球和踢反弹球。踢发球的力量大、距离远、方法灵活多变,适用于各种发球的需要(图 3-7-11)。

图 3-7-11　踢发球

2. 抛掷发球

抛掷发球出球快,准确性高,但力量小,适用于中短距离的快速发球。

(1)低手掷球时,两脚开立,两膝弯曲,掷球臂后撤引球,身体随之侧转,重心移至后脚。掷球时,利用后脚蹬地、转体和甩腕拨球的连贯发力将球掷向目标(图 3-7-12)。

图 3-7-12　低手掷球

(2)肩上掷球时,两脚前后开立,膝弯曲,单臂屈肘持球于肩上。掷球时,持球臂后摆引球,身体随之侧转,重心移至后脚,利用后脚蹬地、转体、挥臂和甩腕拨球的连贯发力将球掷向目标。

(3)勾抛掷球时,身体侧对出球方向,两脚前后开立,持球臂屈肘后引,身体随之侧转,腰部扭紧,重心移至后脚。掷球时,后脚发力蹬地,并快速转体,持球臂顺势由后经体侧向上呈弧线轮摆，摆至肩上方时，甩腕拨球，将球掷向目标（图 3-7-13）。

图 3-7-13　勾抛掷球

第四章　足球基本战术训练

> **本章提要：** 本章对主要的足球战术理论与比赛原则进行了梳理和归纳，对足球攻防战术原则与有效运用战术的基本要求进行了简要概括。重点分析了个人、局部、整体攻防战术的基本方法，并提出了有效运用的基本要求，本章还引入性地介绍并简释了"足球比赛三个重要时刻"和比赛队形的基本理论与方法。

第一节　进攻与防守战术

足球比赛进攻和防守的不断转换构成了比赛的全过程。因此，足球战术可分为进攻和防守两大体系。

一、进攻战术

在进攻战术体系中，根据人数、区域又划分为个人进攻战术、局部进攻战术和整体进攻战术。

（一）个人进攻战术

个人进攻战术是指在比赛中为了战胜对手而采取的符合整体进攻目的的个人行动。个人进攻战术是构成局部和整体进攻战术的环节。个人进攻战术包括传球、射门、运球突破和跑位等。

1. 传球

传球是比赛中运用最多、也是最重要的技战术手段。传球技术水平的高低代表着一个运动员和一支球队整体比赛能力的高低,传球成功率往往决定着比赛的胜负。传球在比赛中的表现形式多种多样。按触球方式可分为直接传球和间接传球;按传球距离可分为短距离传球(15米内)、中远距离传球(15～25米以上);按球高度可分为地滚球、低球(膝部以下)、平直球(膝以上,头部以下)和空中球(头部以上);按传球方向可分为直传球、斜传球、横传球和回传球;按传球目标可分为向同伴脚下传球和向空位传球;按球的旋转方向和线路可分为上旋球、下旋球、弧线球等。为使各种传球达到预期的效果,主要应注意以下几个问题:

(1) 培养良好的传球意识。

(2) 隐蔽传球意图。

(3) 把握传球时机。

(4) 提高传球的准确性。

2. 射门

射门是一切进攻战术配合的最终目的和得分的唯一手段,也是进攻战术最重要、最困难、最振奋人心的环节。在现在足球比赛中,要想在对方严密防守和紧逼拼抢的情况下有效地完成射门,必须要有强烈的射门欲望,善于抓住射门时机,选择合理的射门方法。射门时应注意以下几点:

(1) 具有强烈的射门进球意识的欲望。

(2) 射门必须准确、突然、有力。

(3) 尽量低射平球。

(4) 选择最佳射门角度。

(5) 把握射门时机,选择合理射门方法。

3. 运球突破

运球突破是撕破对手防线、创造以多打少局面的锐利武器,也是更好地创造射门和传球机会的有效手段。运球突破一般在下列情况下运用:

(1) 控球队员在并没有射门和传球可能时,可运球突破对手,创造射门和传球的机会。

(2) 在攻守转换过程中,控球队员在进攻三区内,面对最后一名防守队员而且防守队员身后又有较大空当时,应大胆运球突破其防守。

(3) 控球队员在对手贴身紧逼、失去传球和射门的角度时,应采用运球突破摆脱其逼抢,寻找更好的进攻机会。

(4) 同伴处于越位位置而又没有其他更好的传球选择时,应果断运球突破,直接攻门。

运球突破时应注意以下几点:

(1) 控好球,护好球。

(2) 掌握好运球突破的时机、距离和方向。

(3) 运球逼近、调动、超越、摆脱对手的技术环节应衔接紧凑,一气呵成。

(4) 一旦突破对手,应及时射门或与同伴进行传球配合。

(5) 机动灵活地运用运球突破战术。当对手速度快时,多采用变向突破;当对手速度慢时,多采用变速突破。

(6) 在本方后场切不可滥用运球突破,以免延误进攻战机或造成本方被动。

4. 跑位

跑位是指比赛中队员在无球的情况下,通过有意识的跑动,为自己或同伴创造进攻机会的行动。跑位整体战术的基础是本队获得球权的准备行动,也是拉开对方防线、获得必要进攻时间和空间的重要手段。一场比赛90分钟,每个队员的平均触球时间仅2~3分钟,而其他绝大部分时间必须通过积极、快速、多变的无球活动来摆脱防守,创造控制、支配球的必要时间和空间。

跑位时应注意以下几点:

(1) 敏锐的观察。

(2) 明确的目的。

(3) 合理的时机。

(4) 多变的行动。

(二) 局部进攻战术

局部进攻战术是指进攻中两个或几个队员之间的配合方法。局部进攻战术的基本配合形式有:传切配合、交叉掩护配合和二过一配合。

1. 传切配合

传切配合是指控球队员将球传给切入的进攻队员的配合方法,是局部进攻战术中运用最多的方法。传切配合的形式有局部传切、转移长传切入等。

传切成功的要素在于控球队员要把握准确的传球时机,并控制好传球的方向和力量;跑位队员要明确切入的方位和时间,起动应突然、快速,并用身体掩护住球。

2. 交叉掩护配合

交叉掩护配合是指在局部地区两名进攻队员在运球交叉换位时以自己的身体掩护同伴越过防守队员的配合方法。

交叉掩护配合成功的要素在于运球队员必须用自己的身体护住球,并挡住两名防守队员,将球传给同伴后,要继续向前跑动。接球队友必须主动迎面跑向运球同伴,交叉距离贴近,接球后快速向前运球。

3. 二过一配合

二过一配合是指在局部地区两名进攻队员通过两次连续传球配合、越过一名防守队员的配合方法。根据传球和跑位的路线,二过一配合的形式有斜传直插二过一、直传斜插二过一、斜传斜插二过一和回传反切二过一。二过一配合注意事项:

(1)二过一配合的传球脚法以脚内侧居多,因为二过一配合一般都是短距离传球,脚内侧出球准确、平稳。

(2)踢墙式二过一配合的"墙"不应是原地静止的,而应是在快速跑动中调整位置,直接传球,以达到最佳效果。

(3)二过一配合的控球队员要有运球突破的意识和行为,给防守方以压力,把防守的注意力吸引过来,不要过早暴露二过一配合的意图,这样才能创造出二过一配合的局面,打乱对方的防守队形。

(4)二过一配合机会转瞬即逝,所以要求传球的方向、力量、旋转要恰到好处。特别是踢墙式二过一配合,第一传的质量直接影响到第二传的效果。

(5)第二传的时机是二过一配合成功的关键。配合时既要考虑同伴的跑速和位置,又要考虑到防守的位置和动向。

(6)二过一配合第一传后,可多人插上,传球的第一插上者被保护补位的防守队员封堵后,可利用第二、第三插上者打间接二过一配合。

(7)回传反切二过一配合要考虑纵深距离。传球队员的反切队员尽量不在同一纵轴线上传切,以免给传球的接球带来困难。

(三)整体进攻战术

整体进攻战术是指为了完成进攻战术任务所采用的全局性的配合方法。一次完整的整体进攻是由保持球权、向前推进、破门得分三个阶段组成的。保持球权阶段是获得球、控制球、传球的进攻阶段;向前推进阶段是通过整体的无球跑动和有球配合迅速展开的全面进攻阶段;破门得分阶段是通过传中、运球突破、传切配合等形式创造的攻击对方球门的进攻阶段。

依据进攻的区域,整体进攻战术可分为边路进攻、中路进攻和转移进攻;依据进攻的速度,整体进攻战术可分为快速反击、层次进攻。

1. 边路进攻

边路进攻一般是指进攻的最后阶段发生在前场罚球区线以外靠近边线区域的进攻。边路进攻的发起、推进通常有两种渠道:一是进攻过程始终沿边路而行,二是通过中路转移至边路。

(1)边路进攻的方式

边路进攻的主要目的在于充分利用"宽度"原则,拉开防守面,削弱中路的防守力量,创造中路破门得分的有利战机。边路进攻方式有边路运球突破、边锋与中锋或前卫二过一配合、边锋与中锋交叉换位配合、前卫套边配合、后卫插上套边配合。

(2)边路进攻传中的方式

边路进攻传中的方式有外围传中、边路传中、下底回扣传中和两肋切进传切配合等。

(3)边路传中的时机至关重要,过早或过晚都达不到预期的目的,其最佳时机是:

① 防守队员与攻方队员同时面向球门跑动时。

② 后卫的防守、补防的中后卫尚未封堵传中路线时。

③ 后卫线与守门员之间有较大的空当,本方队员有可能切入时。

④ 对方守门员贸然出击,选位不当时。

⑤ 本方队员已插上或包抄到位时。

2. 中路进攻

中路进攻通常是指进攻最后阶段发生在前场中间区域的配合。中路进攻一般也是来自中路直向推进和边中转移两种形式。中路进攻一般说来比边路进攻更具有威胁性和直接性。由于中路防守人员密集，所以进攻的难度很大，但若一旦成功，则威胁效果也很大。中路进攻结束的方式多种多样，要求队员必须掌握以下几种常见形式：

（1）运球突破中远距离施射，或利用个人娴熟控运技术突破后冷静射门。

（2）中场突破空间小、时间短，在对方人缝中利用二过一配合或传切配合突破防守并射门。

（3）中锋与前卫或边锋利用斜向运球交叉换位，掩护同伴突破防守并射门。

（4）中锋回撤将对方中卫拉出来再反切接球突破射门。

（5）横扯插上配合：由中锋跑位扯动，拉开防守队员，制造出第二空当，前卫队员突然插上射门。

（6）头球摆渡配合：当地面配合难以突破对方防守时，可运用外线吊球，利用中路攻击手的身高和头球优势，争顶摆渡，边锋或前卫插上射门。

（7）任意球战术配合：前场中路距门30米以内的任意球战术配合进攻。

3. 转移进攻

转移进攻是指由一个区域转向另一个区域的进攻配合，一般有中路进攻受阻时转移到边路组织进攻，或边路进攻受阻时转移到中路组织进攻，或一侧边路转移到另一侧边路的进攻。转移进攻的特点是：充分利用场地的空间和足球比赛进攻没有时间和传球次数限制的规则，及时转移攻击点，迫使对方防线横向扯动，出现空当，从而成功地突破防线。转移进攻应做到：

（1）进攻受阻的明显标志是防守局部人数明显超过进攻局部人数，而且防守能力很强，此时应及时转移进攻方向。

（2）队员的视野要广，转移进攻点的意识和观察分析、审时度势的能力要强，这样才能及时把握转移的时机。

（3）在进攻受阻时转移必须由组织者快传通过桥梁队员（中后卫、后腰、守门

员等)及时转移进攻点。

(4)转移进攻时,全队思想要统一,行动要积极。特别是一侧边路进攻转移到另一侧边路进攻时,前卫、边后卫应及时插上,进攻才会收到较好的效果。

4. 快速反击

快速反击是指防守方在获得球权后、在对方尚未形成稳固防守态势时快速攻击对方从而创造射门机会的配合。

(1)快速反击的发动时机:抢截到对方的传球后;抢到对方脚下控制的球后;对方进攻中犯规而被判罚任意球时。

(2)快速反击的注意事项:全队思想统一、行动一致。要有训练有素的快速突击队员和较固定的快攻配合套路;快速反击要求快传球,多采用中长传球和向前传球,时间短和传球次数少是成功的关键;在前场抢断球后要敢于快速运球突破,直接创造射门得分的机会。

5. 层次进攻

层次进攻是指有组织、有步骤、层层推进的一种进攻方式,一般运用于对方已组织好防守的情况下。层次进攻是一种比快速反击更慎重的进攻打法。如果速度和冒险是快速反击的特点,那么,准确和稳妥则是层次进攻的特征。层次进攻对进攻方运用场地宽度、渗透的原则和控制比赛节奏的意识和能力以及跑位和传球配合要求更高。

(1)拉开进攻的宽度:横向扯动拉开对方的防线,使中路出现空当,然后传中创造射门机会。

(2)传切配合:进攻队员要连续地进行无球的穿插跑位。防守队员有时只注意看球,容易暴露出防守漏洞,这时进攻队员要不失时机地从防守队员身后切入,并及时向切入同伴的跑动路线上传球,创造射门机会。

(3)运球突破:要敢于运球突破对方防线,果断射门或突破后卫同伴创造射门机会。

(4)二过一配合:进行小范围内连续、快速、多变的直接二过一配合。

(5)外围吊中:在中场配合受阻的情况下,采用外围高球吊中,利用内线队员交叉跑位和高大中锋头球直接射门或摆渡创造射门机会。

（6）插上远射：外线队员利用内线队员拉出的空当及时插上，直接远射，内线队员多点包抄或补射。

（7）任意球配合射门：制造罚球区附近的直接任意球机会。组织简洁有实效的任意球配合已成为破密集防守的重要手段。

二、防守战术

防守战术是比赛中为了阻止对方进攻和重新获得球权所采用的个人和集体配合方法。进攻与防守是矛盾的两个方面，二者相互制约，相互促进。没有稳固的防守，再锐利的进攻也不能获得比赛胜利，而只守不攻亦不能获胜。因此，在稳固防守基础上的快速进攻已成为现代足球攻守战术的战略指导思想。

（一）个人防守战术

个人防守战术是指为了控制对手所采用的个人战术行动。个人战术行动体现着整体战术的特征，是整体战术的基础。它包括选位与盯人、断球、抢球等。

1．选位与盯人

（1）及时：选位要先于对手。

（2）位置：选位的基本原则是进攻队员、防守队员和本方球门中心三点成一线，并保持适当距离。

（3）兼顾：选位以盯人为主，同时兼顾球和空间情况的变化。

（4）队形：选位要选纵横交错的三角形或菱形队形。

（5）灵活：以多防少或以少防多时，要根据具体情况和任务的目的灵活选位。

（6）盯人：在正确选位的基础上，根据不同的场区和任务，对进攻队员实施紧逼盯人或松动盯人。

2．断球

断球是指将对方的传球从途中截下来或破坏掉的战术行为。断球是转守为攻最主动、最有效的战术行动，能在对方来不及反抢的状态下发动快速反击。

断球的要素：准确的判断；合理的位置；恰当的时机。

断球的注意事项：隐秘断球意图；顾全防守大局；断球后反击。

3. 抢球

抢球是指将对方控球的球快速抢过来或破坏掉的战术行为。抢球是重要的个人战术，是个人防守能力的重要标志。

抢球的要素：正确的站位；合理的距离；准确的时机。

抢球的注意事项：抢球时首先要站稳；抢球时可主动采用向一侧假抢；抢球动作要勇猛；抢球后衔接动作要快；及时控球发动攻击；如果抢球不成功，要快速转身，及时换位回防。

（二）局部防守战术

局部防守战术是指两个或两个以上的防守队员之间的配合方法，是集体防守战术的基础。其基本配合形式有：保护、补位和围抢。

1. 保护

保护是指给逼抢持球队员的同伴心理和行动上的支持，使其无后顾之忧，全力以赴紧逼对手。一旦被持球队员突破，保护队员可及时补防，堵住进攻路线或夺回球权。如果逼抢队员夺得了控球权，保护队员可以及时接应发动进攻。进行保护时，应注意：

（1）保护队员与逼抢队员的距离是动态变化的，根据不同场区应有所不同：后场3～5米，中前场4～8米。根据持球队员的不同特点也应该有所变化，对技术型队员应近些，对速度型队员应稍远些。

（2）保护队员选位要根据临场具体情况随时调整角度。如果同伴堵内放外，保护队员选位角度应偏向外线；如果同伴堵外放内，保护队员选位角度应偏向内侧，配合同伴形成夹击之势。

（3）保护队员选位时还应考虑双方人数对比。二防一时全力保护、夹击；二防三时，既要保护同伴防突破，又要兼顾自己应盯防的对方接应队员；二防三时，主要是拖延对方的进攻速度，为其他队员争取回防的时间。

保护队员选位时还要通过语言指挥同伴抢劫和选位，同时让同伴知道自己的保护位置，使防守配合更加协调有序。

2. 补位

补位是指防守队员为弥补同伴在防守中出现的漏洞而采取的相互协调的战术配合。在比赛中,通过同伴间的相互补位,可以有效地遏制和破坏对方的进攻行动,变被动为主动。

(1) 补位的形式:当前卫或后卫队员插上进攻造成退守不及时,临近的队员应暂时弥补其空位,以防对方利用这一空当进行快速反击;当同伴被突破后,保护队员要及时补位防守,将球夺回来或阻断其进攻路线。被突破的队员应立即后撤,选择适当位置转化为保护队员;守门员出击时,后卫队员应及时撤到球门线附近,弥补守门员位置,防止守门员出击失误,对方突然射空门。

(2) 补位注意事项:防守队员能追上自己的对手时,一般不要交换防守和进行补位;需要补位时,最好是临近的两名队员之间进行相互补位,尽量避免牵动更多防守队员交换位置,以免打乱防守队形;要保证罚球区及附近的危险区域不出现空当。

3. 围抢

围抢是指两个以上的防守队员从多方位夹击对方的控球队员,把球抢回来或破坏掉的战术配合。

(1) 围抢要求:在围抢的局部地点,守方人数占优势,而且距离较近,思想统一;被围抢的队员尚未控好球时,其附近又没有接应队员或传球路线时应及时围抢;在边、角场区,对方观察角度较差或在守方门前接球、运球、射门时,应坚决展开围抢封堵。

(2) 围抢的注意事项:务求围抢成功,不可疏漏,避免被突破而造成被动;围抢时应贴身逼抢,但切不可犯规,特别是在门前,一旦犯规被罚球点球将造成不可挽回的损失。

(三) 整体防守战术

比赛中采用区域防守和紧逼盯人结合的混合防守较多。人盯人防守的优点在于对进攻队员紧逼,使其活动困难,但往往由于进攻队员在交叉换位和策应时而造成防守上较大的空隙,而结合区域防守可以弥补这个缺点。当进攻队员交叉换位时,防守队员可以交换看人而位置不变。

1. 人盯人防守

人盯人防守是一种除自由人以外、其他每个队员都有固定盯人对象的防守形式。这种打法突出的特点是:在全场攻守的每一个时间和空间,两两对垒的情况总是使每一个进攻队员始终处于压力之中。人盯人防守时应做到下列几点:

(1) 要求每一个队员必须具有较强的个人作战能力。

(2) 要求同伴之间相互协作。当同伴盯人失误时,临近队员要根据场上情况进行迅速、灵活补位,以保全整体人盯人防守的严密性。

(3) 要求每一防守队员必须有较好的体能,因为在全场范围内,防守队员需始终不停地奔跑和逼抢。

2. 区域盯人防守

区域盯人防守是指每一防守队员占据一定的活动区域,当进攻者进入该防区时,区域防守队员实施严密盯人,以控制进攻者在此区域的一切有效行动。区域盯人打法规定了每一防守者的明确任务,但同伴之间仍需必要的协作,当某一区域盯人防守失败时,临近队员应及时补位,被突破防守队员应及时地与他换位,以求整体防守的有效性。区域盯人防守要特别注意各区域交界处的防守,因为这些交界处常常由于防守职责不明确而给进攻者带来可乘之机。

3. 混合防守

混合防守是人盯人防守和区域盯人防守两种形式交织在一起的防守方法。其最大特点是能根据对手情况,灵活地将人盯人防守和区域盯人防守的优点充分运用,以提高全队防守的效率。混合防守通常是选择体力好、个人作战能力强的队员以人盯人的防守方式盯住对方的核心队员,其他队员采用区域盯人防守的方式。例如,对对方中场组织者和前场得分手实施人盯人防守,对其他队员采取区域盯人防守。

4. 常用的防守打法

(1) 向前压迫式打法

向前压迫式打法是指失去控球权后,不是回撤消极防守,而是立即对球、对空间进行压迫,降低对方的进攻速度,迫使对手犯错误,将球破坏或夺回来。由攻转守时,即使中、前场队员在体能消耗很大的情况下,也要立即就地反抢,必须具备全攻全守的战略意识,保持紧密队形。本队进攻时,前卫、后卫及时压上,这是压迫式打法的基础。只有这样,丢球后才能立即形成有效的防守队形。采取向前压迫式打法,必须具备良好的体能和顽强的意志,尤其是速度和耐力更为重要,只有具备了良好的速度和耐力素质,才能在攻守快速、频繁的转换中全身心地投入攻守活动的全过程。

(2) 层次回撤式打法

层次回撤式打法既不同于消极回撤防守,又不同于向前压迫式打法,而是分层次、有步骤、有组织的防守打法。第一层次是在丢球后离球最近队员立即逼抢,附近队员堵截传球线路,延缓进攻,争取回防时间;第二层次是其他队员迅速回位,既要选位盯人,又要以球为中心,按场区分主次,组成相互支持与保护的纵深防守队形和体系;第三层次是在稳固防守的基础上,变被动防守为主动争夺球权,即变防守为进攻。

(3) 快速密集式防守

快速密集式防守是一种缩小防范区域、集中防守主要力量于门前危险地带、仅留1~2名队员于中场附近的防守形式。其主要特点是:防守人数多,可乘空隙小,渗透性进攻配合较难,因此,进攻方破门的难度也相对较大,但此种防守方法会影响由守转攻时的反击速度。所以,一般而言,这种防守打法更多地用于对付明显强于自己的对手。一旦转守为攻,尽量运用长传反击,少运用横传或回传。由攻转守时,密集防守的队员必须迅速回撤,站好各自位置;由守转攻时,持球队员应尽可能通过长传为前场队员传球,力求形成出其不意、攻其不备、以快制胜的战术效果。

三、定位球战术

定位球战术是指比赛成死球时所采用的攻守战术方法,它包括任意球战术、角球战术、掷界外球战术。定位球在比赛中的地位极为显要,它已成为决定比赛胜负的重要组成部分,尤其在势均力敌的比赛中,关键性的进球常常是定位球。

(一) 任意球战术

1. 任意球进攻战术

在罚球区附近的任意球进攻威胁最大,虽然比赛中这种任意球机会很少,但是一旦出现,若能把握好,常能进球。在比赛中,罚球弧两侧和罚球区两侧的任意球较多,应充分利用。对于任意球,教练员和运动员应牢记:能直接射门就不打配合,即使配合也应简练,配合越简练,成功的可能性越大。配合的变化虽重要,但变化必须以效果为前提。前场任意球的重要进攻区域有罚球区角及两侧区域的罚球区内。

(1) 罚球弧区域的任意球进攻

在此区域获得直接或间接任意球时,守方必排"人墙"封住部分球门。罚球弧区域罚任意球的进攻方法有直接射门、一拨一射等。

(2) 罚球区角及两侧区域的任意球进攻

直接射门:在发球区角获得任意球时,多数的进攻目标是近门柱。用绕过人墙的内弧线球或越过人墙后下落的弧线球射向守门员近门柱一侧的空当,这种球成功的可能性较大。实践证明,射向近门柱的得分率远高于射向远门柱的得分率。

传球配合射门:除直接射门外,也可采用直接长传门前,由同伴头顶射门或先短传后长传配合射门。主罚者应将球传至防守者身后而守门员又难以出击的空区。攻门者插上要及时,摆脱要突然,相互应掩护。

(3) 罚球区的间接任意球进攻

攻方在罚球区内罚任意球的机会很少,但须做好准备,一旦出现机会,守方11名队员会退到罚球区全力防守。若在球门区附近,守方所有队员在球门线上排墙,球射出的刹那,守方会全部向前封堵。因此,罚球时要做到:① 如果射门角度小,第一次触球可向后方轻传,增大同伴的射门角度。② 观察守门员的站位,一拨一射连接要紧凑,将球射向远离守门员的防守队员的头顶上空。

2. 任意球防守战术

罚球区附近设置人墙时要注意以下几点:

(1) 干扰对手罚球,争取时间,迅速组织人墙。

(2) 根据罚球地点、角度确定排墙的人数,一般为2～5人。人墙一般封球门

近角,守门员应选择最佳位置,既能看清罚球者的动作,又能兼顾整个球门的防守。

(3) 离罚球地点 9 米左右排墙,不宜再近,否则当裁判员要求人墙后退至规定距离时,会影响封堵的角度而造成危险。

(4) 由守门员指挥,也可由人墙最外侧第二位队员指挥,该队员离球 9 米,使近门柱、自己、球成一条直线,以防从外侧绕过人墙的弧线球。

(5) 排人墙时,最高的队员排在外侧,依次向内。队员间要紧靠,双手交叉于裆部。

(6) 在球罚出后,人墙应迅速压上,有效地封堵和缩小射门角度。切忌过早散开人墙。

(二) 角球战术

1. 角球进攻战术

角球是破门得分的重要手段之一。角球进攻有短传配合和长传配合两种。多数角球采用弧线球将球传至门前区域。

(1) 短传角球

这种角球的优点是速度快,在角球弧处形成人数优势,缩短传中距离,提高传球的准确性和增大传球角度,丰富战术打法。队员身材不高、争夺空中球能力较弱的队用此方法较多。

(2) 长传角球

多数长传角球是将球传至门前区域,由同伴头顶或配合射门。一般落点有前点、中间、后点三个区域。传前点球时,将球传至门柱的前点区,一队员抢点射门或向后蹭传,异侧队员包抄抢点攻门。传中间、后点球时,将球传至球门区线与罚球点之间的区域,包抄队员分层次跑动抢点射门。注意传球和跑动时机要默契。

2. 角球防守战术

防守角球应抢占 6 个重要位置:(1) 一名队员位于离角球区 9.15 米处,一方面干扰传至近门柱球的低平球,另一方面干扰对方罚短传配合的战术角球;(2) 两个边后卫分别防守近、远门柱区域的射门和高球,守门员出击时,这两个边后卫应准备补门;(3) 守门员选位应在球门中后部,斜向站立,既能看到罚球者,又能看到罚球区内的攻防队员,做到保护球门及控制球门区;(4)在球门区线附近,防守前、中、后三个危险点和控制球门区外至罚球点间的区域;(5)在罚球点两侧区域,控制罚球点至罚球区的区域;(6)在罚球区线附近,控制罚球区前沿区域以防再次进攻和远射,并做好反击的准备。

(三)掷界外球战术

1. 掷界外球进攻战术

(1) 3人或3人以上配合

由于在中前场进攻时,守方通常采用紧逼盯人的方式,两人配合较难成功,需要3人或更多队员的配合,这时,可用一拉一接、一接一插等配合方法拉出空当。

(2) 掷长距离界外球配合

现在有很多队员都能掷出20米以上的界外球,以增强威慑力。掷长距离界外球时应注意:①掷界外球时掷球要快,掷球给无人盯防者;②掷球要准,以利于接球、控球和直接处理球;③接球者的摆脱要突然、及时,也可用假动作诱骗对手;④接球时不要离球太近,以免造成违例;⑤掷球者掷出球后应立即进场接应,以便形成人数优势。

2. 掷界外球防守战术

当对方掷界外球时,全队要注意力集中,对可能接球的队员要紧逼盯人,同时还要互相保护,防止对方切入空当。特别要严防后场掷向门前的界外球,全队要及时回防到位,干扰队员应站在掷球队员的附近,限制其掷出低、平弧度的界外球。

四、足球比赛的三个重要时刻

进攻、防守与球权的相互转换构成了足球比赛的全过程。这三个比赛时刻的攻防质量以及局势上的优劣,在很大程度上决定了比赛双方取胜的概率。

(一)本方控球时(本方进攻时)

1. 比赛目的

组织进攻,创造射门机会,争取射门得分。

2. 比赛原则

(1) 制造进攻宽度和纵深,拉开对手防区。

(2) 向前渗透传球、跑位(首先考虑长传球)。

(3) 保持控球权,掌握进攻战机。

(4) 保持合理的立体进攻队形。

(二) 对方控球时(本方防守时)

1. 比赛目的

严防对方射门得分,重新夺得控球权。

2. 比赛原则

(1) 最大限度地缩小对方进攻区域,快速回防,积极封堵,干扰与限制。

(2) 积极施加防守压力,压迫对手,尽量将其向边路挤压。

(3) 保持合理的立体防守队形,及时、有效地进行防守保护与补位。

(4) 收缩并严密封锁和控制门前防区。

(三) 攻守转换时

1. 由攻转守时(失去控球权时)

(1) 比赛目的:尽快夺回控球权。

(2) 比赛原则:

① 有球区域的队员迅速逼抢控球者,防止其发动快攻或向前长传,迫使其减速、横传、回传或原地运控球。

② 其他防守队员迅速抢占有利的防守位置,对人盯防,限制对手的进攻活动,最大限度地减少进攻方对本方球门的威胁。

③ 严防与封堵对手射门。

④ 如果有足够的队友回防到位,应向有球区域压迫和围抢。

⑤ 如果没有足够的队友回防,则应采取区域盯人防守,延缓对手的进攻速度,不给对手可乘之机。

2. 由守转攻时（重获控球权时）

（1）比赛目的：迅速形成快攻之势，创造射门机会。

（2）比赛原则：

① 获得球的队员首先应考虑并寻求向前传球的机会，最好最快的方法是长传。

② 远离球的队友应及时跑位要球（但应避免越位）。

③ 位置拉开以创造尽可能大的进攻空间（宽度与纵深相结合）。

④ 无球队员应通过各种积极的跑位活动（接应、牵扯、插上、切入等），为持球队员提供传球机会和削弱防守者对控球者的注意力。

⑤ 避实就虚地攻击对方的防守薄弱点，突破防线射门得分。

⑥ 快攻不成则应保持控球权，层层推进进攻，寻找战机。

第二节　足球战术原则

足球战术原则是足球比赛的特点和攻防客观规律的高度概括，是在比赛中为了战胜对手的行动准则。攻守平衡是足球比赛的基本原则，只有进攻才能进球得分，只有稳固防守才能确保本方球门不被对手攻破，只有在本方城池不失而又能攻破对方球门得分，才能保证本队比赛的胜利。足球战术原则分为进攻战术原则和防守战术原则两大类。

一、进攻战术原则

足球比赛中，充分创造和有效利用进攻的"时间窗"是进攻的总体战术原则。制造纵深、拉开宽度、渗透突破、随机应变是进攻战术原则的具体体现。

1. 制造纵深

向对方球门区域快速推进，迅速形成威胁对方球门之势是进攻的主要方向和目的。因此，在由守转攻瞬间，应考虑有效地创造和利用进攻的纵深空间，向前跑动、向前传球，以最快的推进速度兵临对方球门，形成攻门之势。

2. 拉开宽度

在不能迅速创造有效进攻纵深时,应充分利用球场宽度有目的地将进攻向球场两侧区域发展,拉开进攻的宽度,从而使防守方被迫向两侧移动防守重心,扩大其防守面积,使其防线的左右联系变松散,从而为实施纵向的渗透突破并增大进攻的空间创造条件。拉开的宽度应根据攻防双方队员的活动及位置的情况和场区的不同而异。

3. 渗透突破

对方防线一旦松散,并出现可利用的进攻空当,进攻队员应立即加快进攻节奏,迅速采用各种传切配合、过人突破等战术手段,果断地实施进攻渗透突破。相邻位置的进攻队员在扯动、传球、切入等方面的默契配合是有效实施进攻渗透的关键。

4. 随机应变

足球比赛场上的情况千变万化,没有固定的比赛模式或套路,更不会出现一样的比赛场景。这就要求运动员在比赛中必须善于审时度势,根据比赛情况的变化,适时地采用攻防行为,在攻防节奏、方向、位置、区域、距离和高度等方面灵活机动地调整个人和全队的技战术打法,以达到预期的比赛目的。

二、防守战术原则

在足球比赛中,控球权的丧失意味着本队防守的开始。成功的防守是确保本方球门稳固的重要保证,也是积极进攻的必要前提。足球比赛中,应遵循防守延缓、平衡防守、收缩防守、立体控制等战术原则。

1. 防守延缓

最大限度地延缓对方进攻的推进速度是有效构筑本队整体防守体系的先决条件。因此,在由攻转守瞬间,有球区域的防守队员必须首先实施就地阻截,干扰或封堵对方向前传球或运球推进的路线,尽可能减缓其进攻推进的速度,赢得其他防守同伴迅速回撤、整体布防的宝贵时间。阻止对方发动快速反击是防守延缓原则的核心。

2. 平衡防守

延缓对手进攻速度,就是为了能及时抢占有利于本队防守的"时间窗"。尽快占据对手与本方球门之间的防守要害区域及位置,形成防守人数及力量与对方进攻力量的对等均衡,或造成以多打少的防守局面,是稳固防守的重要战术措施和手段。良好的由攻转守角色意识和快速回防的奔跑能力是有效运用平衡防守原则的必然要求。

3. 收缩防守

在足球比赛中,运动员在快速回防、抢占有利防守空间的同时,还必须有目的地收缩防区内的立体空间,以最大限度地减小防守难度,加大进攻方的进攻难度,实施有效的防守控制。收缩防守的一般原则是:整体防线向球场的中轴线和本方门前的方向呈"漏斗形"收缩靠拢;向有球区域一侧收缩靠拢,形成纵横交错、有利于相互保护和补位的紧密防守队形,压迫所有可能威胁本方球门的空间。

4. 立体控制

对进入本方门前30米区域的进攻队员,尤其是有球进攻队员,要严防死守,竭力限制其进攻自由,不给对方任何进攻突破的可乘之机。随着进攻向本方球门的逐渐接近,必须尽快收缩门前防区,形成密集防守。密集防守的重点应是罚球区的中路咽喉地带有球区域的进攻活动,实现对这一要害防区内的进攻队员、球和时空间的立体控制。

三、个人攻防战术行动准则

1. 个人进攻战术行动准则

(1) 本方得球后立即进攻。

(2) 传球后积极跑位。

(3) 在对方罚球区附近的有效射门区域内,进攻队员应首先选择射门。射门后,要及时跟进,以便进行补射。

(4) 主动迎上接球,不要等球。

(5) 当有同伴比自己位置更好、更能获得向前或射门机会时,要及时、坚决地传球。

(6) 合理运用控球。

(7) 接控球时,应力争在空中或球的第一落点处或接控好球。尤其在本方禁区内更应如此,以免来球被对方趁机截获而射门得分。

(8) 在本方罚球区地带应尽量避免回传或横传球。

(9) 对方罚球区的持球队员在无同伴接应或接应不利的情况下,应果敢地进行运球过人突破或保持球权等待有利进攻时机。

(10) 在可运球、可控球、可传球的情况下,应坚决选择传球。

2. 个人防守战术行动准则

(1) 一旦本方失球,全队队员都应迅速进行防守,力争将对手向边路或外线挤压。

(2) 选择正确的防守位置,一般的选位原则是防内(中路)放外(边路)。

(3) 个人防守的一般步骤是:断抢——盯逼防其转身——面对僵持并伺机抢截——转身追抢或破坏。

(4) 对控球或即将接控球的进攻队员要紧逼控制。

(5) 对已经控球转身面对自己的进攻队员,要避免轻易出脚抢断而被其突破,应尽量将其逼入不利于进攻的局面,伺机抢截或破坏。

(6) 做到球近人近、球远人疏、人球兼顾。

(7) 面向球进行正面防守,以便随时观察到球的活动情况。

(8) 防守时,尽量不让球越过自己,避免经常性的转身回追防守。

(9) 避免不必要的犯规(尤其在本方罚球区内更应避免犯规)。

(10) 防守时不要随便踢球出界而轻易失去控球权。

四、足球战术运用的基本原则

1. 攻守平衡的比赛原则

任何比赛战术的制定与运用都是为了既有利于本方进攻得分,又有利于有效阻止对方破门得分。比赛中,攻防任何一方面的失衡都会造成顾此失彼,不同程度地消减本队的攻势和防守的稳定性。坚固的防守可以使进攻更加地强大,而强大的进攻力又可使防守更加稳固。正确处理好进攻和防守的辩证关系,把握住攻守平衡的比赛原则,是足球竞技必须遵循的基本准则。

2. 合理控制比赛节奏的原则

任何足球战术的有效实现均有其相应的时空条件,这就要求比赛中必须根据各种战术行动要求,合理地控制比赛的快慢节奏,做到能快则快、该快则快、该慢则慢,最大限度地保证特定战术实施的成功。总体来说应做到:攻防转换要快,攻防重心的移动要快,中场的整体推进和回防要快;阵地战的进攻节奏应适当放慢,比赛场面极为不利的情况下进攻节奏应适当放慢;比赛时间不多,本队比分领先或落后时,应根据比赛的需要加快或者放慢进攻节奏。

3. 选择恰当比赛阵型的原则

符合本队实际的比赛阵型有利于本队整体竞技能力的充分发挥。在实战中,比赛阵型应根据本队队员的竞技实力、特点和三条线攻守力量的需要来配备队员人数,这是选择比赛阵型的基本原则。从现代足球比赛中各国所采取的比赛阵型来看,一般在后卫线放3名防守队员,中场和前场放2名队员,余下的3名队员将根据各线力量的需要加以配备。如果攻防力量力求均衡可采用"1—3—3—3"阵型或"4—3—3"阵型;如果攻防重点放在中场或者后卫线就可采用"4—4—2"阵型、"3—5—2"阵型和"5—3—2"阵型等。

4. 安全与冒险的比赛原则

(1) 安全原则

在本方后场,尤其是在门前30米区域所采取的一切攻防行为,都必须以最大限度地确保本方球门安全为前提。进攻时,传球要准确、稳健,少短传、横传或运球过人,配合要简洁,确保控球权;防守时,应严防紧逼,压缩门前防守空当,加强门前保护。出脚抢截要准确、谨慎,尽量避免犯规,危机时刻可大脚踢球出界。

(2) 冒险原则

在对方门前30米区域内要敢于展开突变与快速的冒险进攻行动,包括向对方腹地快速直接推进,一对一与对手近身作战,突然、快速地过人强行突破,带冒险性、致命的各种传切配合等。而在本方球门可能告破的危急时刻,则应根据防守的判断,果断采取孤注一掷的冒险防守手段,救危难于瞬间。有时为了挽回败局或者保持领先的局面,也应果断采取冒险或安全的攻防打法。

5. 随机应变的比赛原则

足球比赛的瞬时多变和不可预测性,决定了临场比赛过程绝不可能是赛前战术安排的原样复制,这就要求教练员和场上队员必须根据比赛的实际情况,及时修正和灵活执行预先的作战部署,以适应比赛变化的实际需要。

第三节 个人战术训练方法

一、个人进攻战术

(一) 1对1进攻战术练习(1)

1. 训练目标

(1) 学习不同位置和方向的1对1进攻方法。

(2) 培养取胜欲望。

2. 器材

球、标志桶、标志服。

3. 组织方法

(1) 区域:半场。

(2) 两队队员分别站在罚球区前。

(3) 队员两人一组练习,第一组每人一个球。

(4) 使用标志物,在罚球区前设置一个约1米的小球门。

(5) 持球队员设法得分,另一队员设法截获球或阻止射门。

(6) 两名队员必须绕过小球门,持球队员先起跑。同伴之间相互交换角色。重复练习12次(图4-3-1)。

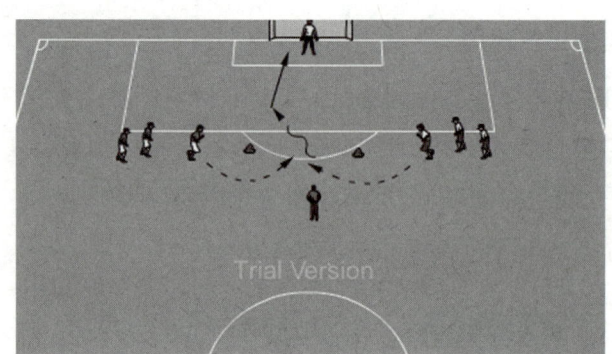

图 4-3-1　1 对 1 进攻练习 1

4. 变化

(1) 改变开始的位置。

(2) 教练员或守门员给出信号,练习开始。

(3) 看哪名队员可在双方两回合中赢球。

5. 训练要点

(1) 改变方向中观察对手。

(2) 变向、变速。

(3) 利用假动作。

(4) 利用身体保护球。

(二) 1 对 1 进攻战术练习(2)

1. 训练目标

(1) 提高正面过人射门能力。

(2) 提高决策能力。

2. 器材

球、标志桶、标志服。

3. 组织方法

(1) 区域:半场。

(2) 3～5 名队员在有守门员的标准球门前 1 对 1 练习。

(3) 进攻队员持球站在大球门前约 25 米处的小球门前,防守队员站在其对面。

(4) 进攻队员设法到达大球门并射门得分。如果防守队员得到球,进攻队员防守小门。

(5) 防守队员设法阻止进攻队员。得到球的防守队员可以进攻小球门得分(通过射门或运球通过小球门)(图 4-3-2)。

图 4-3-2　1 对 1 进攻练习 2

4. 变化

每组或分队比赛时,可在 4 对 4 对抗中加入 2 名守门员,提高队员的进攻能力。

5. 训练要点

(1) 利用假动作。

(2) 观察对手重心。

(3) 变向、变速。

(4) 丢球后快速防守。

二、个人防守战术

(一) 选位、盯人与保护练习方法案例

1. 训练目标

(1) 通过练习使防守队员正确合理地选位。

(2) 明确盯防进攻队员。

2. 器材

球、标志桶、标志服。

3. 组织方法

(1) 区域:20米×10米练习场地。

(2) 1对1攻防正面前线(4米)。

(3) 进攻队员力争运球越过目标线,防守队员封堵进攻队员通往目标的路线(图4-3-3)。

图4-3-3 个人防守练习

4. 变化

(1) 1对1攻防侧面4米目标线,练习方法同上。

(2) 调整性进攻过渡到积极进攻。

(3) 消极防守逐渐过渡到紧逼防守。

5. 训练要点

(1) 防守队员前后脚站位。

(2) 防守队员小碎步移动。

(3) 不要轻易出脚,看准时机上抢。

（二）1 对 2 攻防练习方法案例

1. 训练目标

（1）通过练习使防守球员正确合理地选位。

（2）明确盯防进攻球员。

2. 器材

球、标志桶、标志服。

3. 组织方法

（1）区域：30 米×10 米场地。

（2）1 对 2 攻防目标人。

（3）两名目标人仅限于在 4 米长的一段底线上活动。

（4）进攻队员试图将球传给对面的目标人，防守队员封堵传球或运球突破路线（图 4-3-4）。

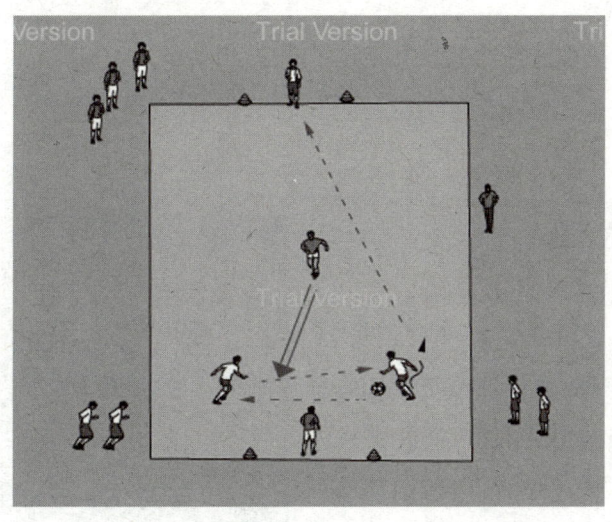

图 4-3-4　1 对 2 攻防

4. 变化

（1）攻防处于边线上的目标人。

（2）1 对 2 进行防守，进攻队员通过传球配合或个人突破传球给目标人。

5. 训练要点

（1）一名防守队员迅速紧逼。

（2）另一名防守队员在队友的侧后方保护。

（3）看准时间进行夹抢。

第四节 局部战术训练方法

一、局部进攻战术练习方法示例（中路进攻）

（一）中路进攻练习（1）

1. 训练目标

提高前场队员中路配合进攻能力。

2. 器材

球、标志桶。

3. 组织方法

（1）区域：40米×40米场地。

（2）2～4名进攻队员，1名守门员。

（3）一名前卫队员传球给绕过标志桶的前锋队员后与另一名前卫队员交叉跑动，前锋队员接球后回传给向前跑动的前卫队员，该队员再将球直接传给后插上的另一名前卫队员，该队员接球后射门（图4-4-1）。

图4-4-1 中路进攻练习（1）

4．训练要点

（1）摆脱接应（速度、时机、角度）。

（2）注意传球的准确性、力度和时机。

（3）插上队员注意跑动时机、速度变化和方向变化。

（4）合理选择射门的动作、时机和角度及对力量的控制。

（5）强化队员的沟通意识。

（二）中路进攻练习（2）

1．训练目标

提高前场队员中路配合的能力。

2．器材

球、标志服、标志盘。

3．组织方法

（1）区域：20米×25米场地。

（2）队员两人一组，分别站在场地两端，守门员抛球给一方时练习开始。得球一方中路进攻配合，射入球门得1分。防守一方抢到球后越过对方端线，计1分（图4-4-2）。

图4-4-2　中路进攻练习（2）

4．变化

设两个守门员，得球之后互换角色。

5．训练要点

（1）制造横向空当与纵深。

(2) 注意两人间的配合(墙式、后套、交叉掩护)。

(3) 把握传球、接应时机。

(4) 个人突破。

(三) 中路进攻练习(3)

1. 训练目标

提高中前场队员中路进攻的战术能力。

2. 器材

球、标志服、标志盘。

3. 组织方法

(1) 区域:1/2 球场。

(2) 中路 4 对 4＋2 名守门员攻防练习。

(3) 所有队员在中路规定区域内进行攻守练习(图 4-4-3)。

图 4-4-3　提高中前场队员中路进攻的战术能力

二、局部防守战术练习方法示例

(一) 2 防 1 练习

1. 训练目标

提高两人协同防守能力。

2. 器材

球、标志服、标志盘。

3. 组织方法

（1）区域：20米×10米场地。

（2）白队传球给同队队员后，红队的两名队员进场防守。白队接球队员运球突破至过对面底线即为得分。红队两名防守队员设法阻止对手突破，抢下球或破坏球后本轮练习结束。几轮后红白两队队员互换角色（图4-4-4）。

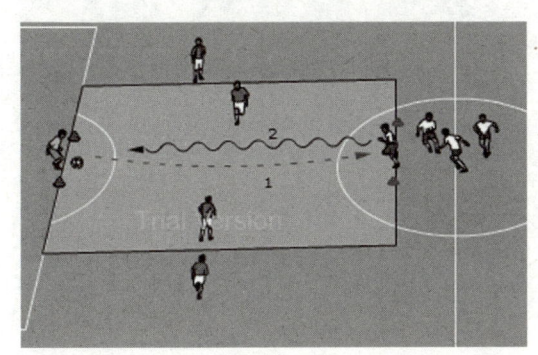

图4-4-4　2防1练习

4. 训练要点

（1）队员进行顶级速度防守。

（2）强化队员的沟通意识。

（3）防守队员合理地选择站位和姿势。

（4）两人封堵对手的运球路线。

（5）邻近队员注意保护距离和角度。

（二）2对2＋2名守门员防守战术练习

1. 训练目标

提高两人盯人压迫和保护防守能力。

2. 器材

球、活动球门、标志服、标志盘。

3. 组织方法

(1) 区域：33米×25米场地。

(2) 攻守两组进行2对2比赛。时间可以根据能力和水平在40秒至2分钟不等（图4-4-5）。

图4-4-5　2对2＋2名守门员防守战术练习

4. 训练要点

(1) 距球近的人上抢压迫。

(2) 上抢时注意速度和身体重心。

(3) 队员之间保护距离和角度。

(4) 强化队员之间的沟通意识。

（三）3对3＋2名守门员防守战术练习

1. 训练目标

提高3人压迫、保护、盯位等平衡防守能力。

2. 器材

球、球门、标志服、标志盘。

3. 组织方法

(1) 区域：33米×40米场地。

(2)攻守两组进行比赛。持续时间可根据水平和能力掌握在 1～2 分钟(图 4-4-6)。

图 4-4-6　3 对 3＋2 名守门员防守战术练习

4. 训练要点

(1)盯人。(2)保护。(3)盯位。(4)交流。

(四)半场攻守练习

1. 训练目标

(1)强化队员位置职责与能力。

(2)提高局部区域的小组协防能力。

(3)逐步掌握整体防守体系。

2. 器材

球、标志服、标志盘。

3. 组织方法

(1)区域:1/2 场地。

(2)配备守门员,8 对 8、9 对 9 半场攻守。攻方演练中路、边路进攻战术,攻入大门得 1 分。守方演练防守阵型(站位、移动、协防、补位、换位、盯人)。守方断球后可进攻两个小球门得分(图 4-4-7)。

图 4-4-7 半场攻守练习

4. 训练要点

（1）攻防转换时注意相邻位置间的协防与保护。

（2）明确位置职责。

（3）协同作战。

（4）强化队员之间的沟通意识。

 整体战术训练方法

一、整体进攻战术

（一）攻守转换练习（1）

3 对 1＋1 名守门员的反击练习。

1. 训练目标

（1）提高队员断球后的快速反击能力。

（2）提高队员丢球后由攻转守的能力。

2．器材

球、标志桶、标志服、球门。

3．组织方法

（1）区域：20米×15米场地。

（2）进攻队员接同伴传球后，在区域内突破防守队员并将球运过底线得分。

（3）两名防守队员获得球权后快速将球传给区域外的接应队员。

（4）接应队员接球并完成射门（图4-5-1）。

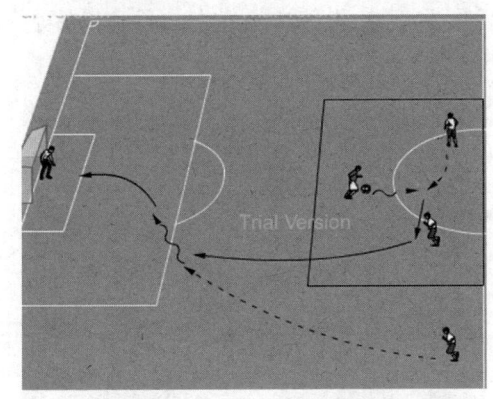

图4-5-1　3对1+1名守门员的反击练习

4．训练要点

（1）通过两人配合防守获得球权。

（2）得球后迅速传给前方接应同伴。

（3）接应队员时刻关注球，看到本方得球后，迅速插上，要求呼应。

（4）接应队员必须高质量地完成射门。

（二）攻守转换练习（2）

6对6+1名守门员的反击练习。

1．训练目标

（1）提高队员断球后的反击能力。

（2）提高队员丢球后由守转攻的能力。

2. 器材

球、标志桶、标志服、球门。

3. 组织方法

(1) 区域:20 米×20 米场地。

(2) 先在方块内区域进行 4 对 4 比赛。

(3) 白队从上往下进攻,运球越过最下面的线得分。

(4) 4 名红队队员防守获得球权后将球传给方块区域外接应队员反击得分。

(5) 反击方断球后边路 2 名队员快速前插,形成以多打少并射门。进攻方可回撤 2 名队员(图 4-5-2)。

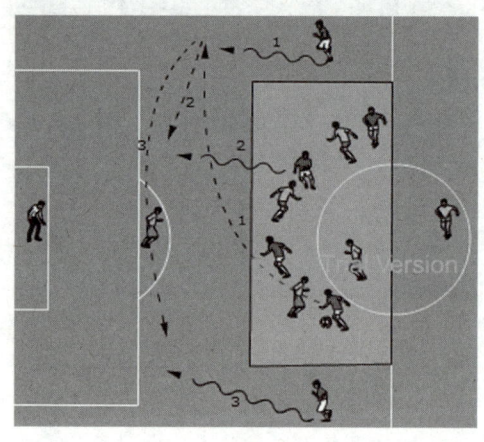

图 4-5-2　6 对 6＋1 名守门员的反击练习

4. 变量

根据队员水平,可增加跟进的人数和回防的人数。

5. 训练要求

(1) 组织严密防守,获得球权后迅速将球传给前方接应队员。

(2) 方块区域外的队员时刻关注球的发展,迅速跑位插上、呼应要球。

(3) 方块区域内队员迅速支援,相互配合。

(4) 通过配合完成高质量的射门。

二、整体防守战术

(一) 中场拦截球防守练习

1. 训练目标

(1) 发展良好的中场防守队形能力。

(2) 发展阻止对手渗透性传球的能力。

2. 器材

球、标志桶、标志盘、标志服。

3. 组织方法

(1) 区域:40米×30米场地。

(2) 白色队员之间进行渗透性传球,3名红色中场防守队员阻止传球。所有传球必须是地滚球。

(3) 防守队员尽可能近地给白队队员施压,如果防守队员拦截到球后可将球传给教练员并得1分(图4-5-3)。

图 4-5-3　中场拦截球防守练习

4. 训练要点

(1) 阻止向前渗透性传球。

(2) 避免交叉换位。

（3）随球快速移动，封堵传球路线。

（二）后卫线防守战术练习

1. 训练目标

（1）提高后卫位置技术运用的合理性。

（2）提高后卫判断落点、抢位的能力。

（3）提高后卫线站位、保护、协防能力。

2. 器材

球、标志桶、球门。

3. 组织方法

（1）区域：1/2 球场。

（2）场内 4 后卫对对方 4 名进攻队员进行练习。教练员在中前场将球传给（长、中、短、高、地滚）4 名进攻队员，4 名后卫队员判断来球，向前逼抢，控制落点，断、抢、踢、顶，将球解围到前方 3 名接应同伴脚下（图 4-5-4）。

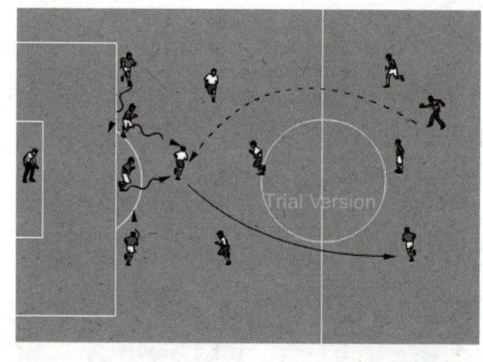

图 4-5-4　后卫线防守战术练习

4. 训练要点

（1）距球近的防守队员前逼，抢断来球。

（2）对方得球，贴身紧逼，不使其转身，迫使其回传。

（3）对方得球，且已转身，拉开距离，严防突破，逼向两边。

（4）本方同伴注意协防、保护。

（5）严禁犯规。

第五章 体能训练

本章提要：本章将一般体能训练与足球专项体能训练相结合，简述了体能训练概况，揭示了一般体能训练和足球专项体能训练的特点和相互关系，并结合青少年体能训练敏感期与生理学特征，提供了多种训练方法。

第一节 体能训练概述

一、体能的概念

体能是人体各器官系统机能在体育活动中表现出来的能力。运动员体能指运动员机体的基本运动能力，是运动员竞技能力的重要组成部分，运动员体能发展水平是由其身体形态、身体机能及身体素质发展状况所决定的（图 5-1-1），身体形态是指机体内外部的形状，身体机能是指机体各器官系统的功能，身体素质是指机体在活动时所表现出来的各种基本运动能力。

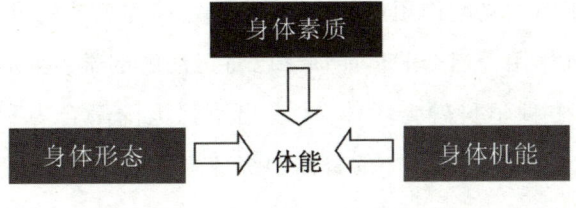

图 5-1-1 体能发展因素

竞技运动体能（运动训练界简称体能）以追求在竞技比赛中创造优异运动成绩所需体能为目标，是运动员有机体运动时所表现出来的能力。它是以人体器官系统的形态和机能为基础，各系统协调的机能在运动中表现出的综合能力，主要通过身体素质的形式表现出来，包括力量、速度、耐力、柔韧性和灵敏协调性等（图5-1-2）。

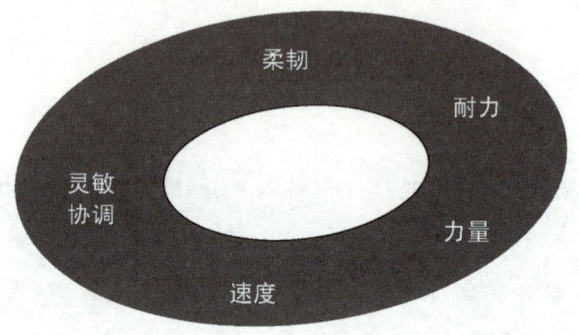

图 5-1-2　身体素质

二、体能训练的目的和作用

体能是运动员竞技能力总体结构中最重要的因素之一，它是指运动员为提高运动战术水平和创造优异成绩所必需的各种身体运动能力的总和。身体素质是提高竞技能力的身体先决条件，而身体形态和身体机能是形成良好身体素质的基础。作为运动员取得优异成绩的重要因素之一，其主要目的就是要为提高运动员机能潜力、使有机体的运动能力达到最高并为顺利完成运动训练过程打下良好的基础。无论运动员的年龄、个人能力、训练水平如何，也无论处于训练的哪一阶段，体能都是运动训练中不可或缺的内容。

体能训练是动作训练而不是对肌肉的特训，通过训练提高完成专项技术所需要的专门动作质量和竞技表现能力，而不是单单为了提高肌肉的力量。体能训练不仅强调神经对肌肉的支配作用，强调动作的稳定性和关节的灵活性，而且强调发挥大肌群的发动机作用。当今的体能训练已将运动解剖学、运动生物力学、运动生理学、运动医学等多种学科融为一体，体现出了强大的融合力和整合力。由此可见，体能训练实质上是代表了当今的身体训练理念的转变，也是职业体育发展的必然结果。

体能训练包括全面身体训练、专项身体训练和达到并保持最高运动能力这三个阶段。前两个阶段一般安排在准备期进行,以打下坚实的基础,第三个阶段则安排在比赛期进行,其目的是保持已获得的最高运动能力,并使之更加完善。

体能训练就是要提高机能的一般工作能力。体能训练包括身体训练的各个方面,如速度素质中的反应、动作和位移速度,上下肢和躯干的力量,速度耐力和一般耐力,身体的柔韧和灵敏协调性等。在整个运动训练过程中,体能训练的目的和作用就是通过有目的、有计划、有系统的身体练习,为运动员专项运动成绩的提高打下牢固的基础。其具体表现有以下几点。

1. 体能训练保证运动员更适应现代运动训练及比赛的大负荷、大强度要求

随着科学技术的发展,现代科学技术在监测运动员训练过程中的广泛应用,使训练科学化进程迅速提高,运动成绩获得了大幅度的提高。多年的、系统的大运动量、大强度的训练,运动员有机体就必须长期承受生物学的改造。良好的机体和优秀的运动能力,只有通过体能训练才能打下坚实的基础,才能完成训练和比赛对有机体的一切要求。

2. 体能训练可以促使运动员更好地掌握运动技术和战术

体能训练的目的实际上是促使运动员有机体各组织、器官、系统功能的协调和全面发展,以适应不同专项对运动员有机体机能能力的不同要求,而这些专项要求仅靠专项运动能力、专项运动技术、战术的训练是不可能达到的,只有通过体能训练与专项训练紧密结合,才可提供运动员掌握复杂的、先进运动技术、战术的可能。

3. 体能训练过程是培养运动员良好的心理素质和顽强的意志品质的过程

当今世界体育赛场的竞争越来越激烈,对抗强度也越来越大,对运动员的心理素质提出更高的要求,通过体能训练有目的地培养运动员适应这种环境的心理准备。意志的培养是建立在运动员良好体能发展的基础之上,进行反复、多次的体能训练来改善和提高人体运动机能是个较为复杂漫长的过程,这个过程对人意志品质的构造与改善是极其深刻的。

4. 体能训练对运动员延长运动寿命有着积极的作用

在体能训练过程中,科学地进行身体训练,促使人体各项身体素质的全面协调发展,既为专项运动能力的提高打下了雄厚的基础,又能提高运动员整体运动能力的水平。实践证明,运动员身体素质的水平越高,运动机能能力的水平越高,因此保持高水平运动能力的时间也越长,专项技术、战术的发挥和保持时间也越长。训练过程中就不容易出现伤病,伤病减少了,再加之训练的系统性,从而能有效地延长运动员的运动寿命。

三、体能训练的原则

1. 择优原则

体能训练是多种理论与研究成果的结晶,结合了人体解剖学、运动生物力学、运动生理学、运动生物化学等多种学科,通过一系列最优、新颖、合理、高效的身体素质训练,能够在增强身体素质同时,逐步使得运动员掌握基本的专项技术能力,从而提升整体运动技能,最终达到全面技战术能力的掌握与巩固(图5-1-3)。

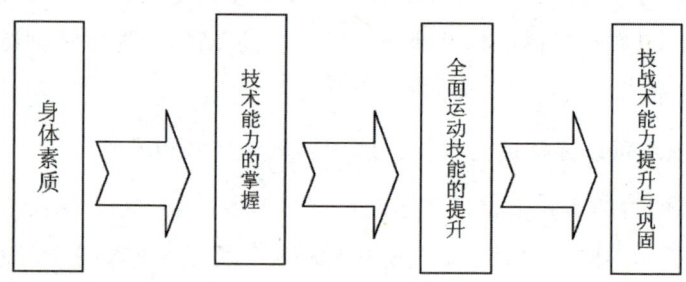

图 5-1-3　运动技能发展

2. 循序渐进原则

体能训练难度要从易到难,方式从简到繁,数量由少到多,运动负荷由小到大,训练时间由短到长。循序渐进的训练不仅要体现在训练设计中,更要体现在具体实际操作中。每个训练周期、每次训练都应考虑前一阶段训练课的内容,应有明确的相关性和连贯性,否则会导致训练的系统性、科学性大打折扣,从而直接影响到训练的效率与效果。

体能训练应按照刺激—反应—适应—提高—再刺激—再反应的顺序,不断提高运动能力和适应性。训练内容、训练方式方法、训练负荷强度等都应全面且具有很高的系统性。

3. 无病痛训练原则

在病痛条件下进行训练,会破坏运动员原有的技术动力定型,影响训练效果,且在生理上会对运动员造成更进一步的伤害,以及在心理上会让运动员产生抵触、对抗等不良情绪。因此,体能训练应在运动员无病痛且身体能力恢复的情况下进行,强调以动作模式训练为核心,以提高动力链传递效能为目标。

4. 高效原则

运动员如果仅仅是为了完成教练员预先制订的训练计划,并不注重练习动作的规范性和高效性,这种只注重数量不注重质量的训练将会降低肌肉完成技术动作的效果,甚至会导致运动员运动损伤等很多不利后果,进而会影响运动员在比赛过程中的发挥和运动员的健康。因此只有在平时的训练中注重练习动作的高效性,才能使运动员有高质量的训练效果回馈。体能训练关注的不仅是完成动作的数量,更应在训练完成的质量上下功夫。

5. 创新性原则

现今随着科技的不断进步,运动人体科学的研究更加先进和深入,新的研究成果和新的训练方式方法的引入和运用,新的训练器材的介入,使得体能训练成为一种常态化、高效性的训练手段,通过多种多样的训练方式,提高了运动员的训练热情,同时也提高了训练质量和运动员身体各项素质,高效且效果显著。

第二节　一般体能训练

一般体能训练是指运动员在训练中运用多种多样的非专项的身体练习的形式、方法和手段,来提高运动员全面的基础运动素质,提高人体各组织、器官、系统的机能水平,促使运动员身体素质全面发展。一般体能训练的目的是全面协调、发展人体各肌肉群的力量素质,并按照不同运动专项特点的需要,在运动员的训练过程中,有计划、有目的、按比例发展不同代谢、供能的各种身体素质,为形成合理的专项运动技术创造有利条件。同时,促使运动员力量、速度、耐力、柔韧、灵敏、协调等各身体素质全面发展,以逐步达到专项身体训练目标和专项成绩目标所需要的机能能力,为专项运动能力的逐步提高打下坚实的基础。

一般体能训练是专项体能训练的基础。专项体能训练又是专项运动能力改善和提高的基础。随着专项运动成绩的不断提高,对一般体能训练所提供的基础及专项体能训练水平的要求也就越高,以适应专项运动成绩逐步提高的要求。

在运动训练实践中,对体能训练应该考虑到以下几点:

(1) 要对运动员训练状态做出正确的分析与判断,要对决定运动员体能的各个方面分阶段分别进行训练。

(2) 各运动项目的体能要求不同,必须仔细分析各项目的特点,有针对性地进行训练才会有效。

(3) 运动员的体能只能代表某一时期内的训练水平,要适合专项的需要,就必须随时对"专项"特点做出正确的分析,及时按照专项特点安排相应的训练内容。

(4) 体能训练过程中,一般体能训练和专项体能训练的比例要合理搭配,要因人、因时、因项、因能而异。

(5) 一般体能训练并不能代替专项体能训练。一般体能训练是专项体能训练的基础,同时通过专项体能训练又能促进运动员一般体能各项素质的提高,所以两者是相辅相成、相互促进的关系。

一、力量训练

力量素质分为静力性力量和动力性力量。通过短期的强化训练,肌肉的耐力水平得到大幅度提高的可能性是存在的,但是要想在长期的训练中使肌肉力量得到持续增长,就需要保证肌肉力量练习的时间和质量。力量训练开始前,强化训练的肌群应进行专门的准备活动,首先由小负荷的练习开始。假如某肌群在短时间内重复训练,训练的效果会因肌肉疲劳而降低,所以不同肌群进行的训练最好交替进行。训练后肌肉仍处于紧张状态,因此,每次训练结束后应安排伸展练习。

静力训练法是一种肌肉紧张用力与肌肉长度保持相对不变的力量练习方法。常用于在训练的初级阶段发展最大力量,可以有效地提高某些特定关节角度的力量。运动员发生损伤进行康复的开始阶段也需要此种训练方法。当运动员难以完成既定的力量训练时,可以有效地提高某些特定关节角度的力量。此训练能有效地发展静力最大力量、静力耐力和提高肌肉的收缩能力,使肌肉保持相对较长时间的最大用力,方法简单、省时间、省地方,可在较短的时间内以较少的能量消耗达到最大的肌紧张。但静力训练法对于发展肌肉爆发力没有显著作用,对改善神经肌肉的协调性效果不明显,还会造成血液循环条件不良等,易引起血压升高等不良生理现象,青少年不宜使用。

动力性力量训练是肌肉从拉长的状态中缩短以克服阻力而完成动作,通常分为大重量和小重量两种训练法。大重量训练法指少次数、大重量的方式,大部分是通过借助负重器材进行训练,其可以有效提高练习者最大等张和等长力量;小重量训练法指多次数、小重量的方式,一般不借助器材,通常利用克服自身重量来达到提高练习者的肌肉力量目的。此种训练方法能有效地发展肌肉爆发力,能更好地发展神经肌肉的协调性,能有效地发展力量耐力,增大肌肉体积,提高运动动作的幅度,有利于增强肌肉的收缩速度。但与此同时此种训练方法使得肌肉每一次收缩的负荷都不相等,肌肉只能在活动过程中的某个阶段承受最大负荷,且易造成某些肌肉负荷不足。

结合青少年身体发育特点来说,力量素质在这个时期应尽量减少练习频率,且应尽可能地利用运动员克服自身重力的训练方式来进行力量素质的提升。

训练方法示例:

(1) 弓箭步方式向前方慢走,单腿支撑时双腿均为90度屈膝,保持两秒后换腿前行(图5-2-1)。

图 5-2-1　弓箭步走

(2)双膝跪式俯卧撑。双膝跪地,小腿交叉,双手撑地做俯卧撑练习(图 5-2-2)。

图 5-2-2　双膝跪地俯卧撑

图 5-2-3　仰卧两头起

(3)躺式两头起练习。平躺于地面,两臂夹耳上举,练习时腿躯干同时起身(图 5-2-3)。

(4)卷腹练习。平躺屈膝,双手平放于胸前,卷腹起身。每组 8～10 个(图 5-2-4)。

图 5-2-4　卷腹

二、速度训练

速度是体现人体快速运动的能力。根据足球比赛的运动情况,速度可分为反应速度、动作速度、位移速度。

1. 反应速度

反应速度是指人体对各种刺激发生反应的快慢。运动员反应速度的快慢主要取决于下列因素:

(1)感受器的敏感程度。感受器越敏感则反应越快。

(2)中枢神经系统机能。中枢神经系统兴奋高时反应时就缩短,疲劳时反应时就会延长。

(3)肌纤维(效应器)的兴奋性。研究表明,肌肉紧张比肌肉放松时的反应时要短。当肌肉疲劳时,反应时则明显延长。

反应速度取决于信号通过反射弧各环节所需的时间。中枢神经系统的机能水平越高,信号通过反射弧的速度就越快。训练中要经常利用突然发出的信号,提高运动员对简单信号(视觉、听觉信号等)的反应速度,或采取移动目标练习(即运动员对移动目标迅速做出应答反应)、选择性练习(让运动员随着各种信号复杂程度的变化做出相应的应答动作)来提高足球运动员中枢神经系统的机能水平。

2. 动作速度

动作速度是指运动员完成每一个动作时间的长短。完成动作快慢取决于下列因素:

(1)肌纤维的组成及其面积大小。如快肌纤维所占比例大且粗,无疑动作速度就快。

(2)肌肉力量大小。肌肉力量越大,越容易克服内、外部多种阻力,收缩速度越快。

(3)肌纤维兴奋性的高低。肌纤维兴奋性高时,刺激强度低且作用时间短,容易引起兴奋,动作速度就快。

(4)体温高低。体温适度升高,肌肉的黏滞性下降,内部阻力减小,则动作速度就会加快。

(5)条件反射巩固程度。不言而喻,运动员动作越熟练,运动时间就越短,动作速度自然就快。足球要求运动员必须掌握步频快、步幅小、重心低的奔跑技术。比赛中运动员要做大量的起动、急停、变向、变速、转身等动作,要求运动员具有出色的瞬间速度、角速度、加速度、最高速度和制动速度。因此,运动员必须发展腿部、腰腹力量。

练习应多采用重复训练法,每次练习都要以最大强度进行,时间不宜超过10秒钟。两次练习之间要保证有足够的休息时间,使肌肉在进行下次练习前基本能完全恢复。

3. 位移速度

位移速度是指运动员通过一定距离所消耗的时间,其决定因素有两个:步频和步长。

　　足球运动是非周期项目,运动员各种位移速度、身体姿势和方向随时都在不断变化着。但是,只要有位移就离不开步频和步长。提高足球运动员的动作速度,主要在于提高其参与各种动作的肌肉爆发力和动作之间的衔接技术,也包括与之相联系的灵敏和协调能力。只有通过力量训练和反复快速完成各种技术的练习,提高运动员有球和无球技术的熟练程度,才能在比赛中轻松自如、协调合理、快速准确地完成技术动作。此外,着重提高白肌纤维的体积和质量,增强肌肉的可塑性、可伸展性及肌肉群内部和肌肉群间的协调性等,也有利于动作速度的提高。

训练方法示例:

（1）反口令练习。教练员喊出口令,队员进行相反的动作展示。例如教练员喊出稍息口令时,队员应立即立正;喊出向左转口令时队员向右转等。

（2）运用标志盘、标志杆等器材搭配摆放,做快速步伐练习（图5-2-5）。

图 5-2-5　快速步伐

（3）Z字线快速变向跑练习。将标志物摆放成Z字路线,要求运动员快速地跑至标志物处,并运用各种变向方式快速变向运绕标志物(图5-2-6)。

图 5-2-6　变向变速跑

(4) 运用绳梯做快速步法练习（图5-2-7）。

图 5-2-7　绳梯步伐

三、有氧、无氧耐力训练

有氧、无氧能力是竞技体能中最基础的身体能力之一，能够保证运动员的机体在高强度、高对抗条件下动作质量与长时间工作的能力。

有氧氧化和无氧氧化是人体在根据需氧的不同情况下而进行的紧密相连、不可分割的两种供能方式。足球运动是以有氧代谢供能为主、有氧与无氧代谢混合供能的运动。在不同年龄阶段、不同训练周期或训练阶段，有氧与无氧耐力训练比例也应有所侧重。青少年时期由于他们的血红蛋白、肌红蛋白含量较成年人少，无氧代谢能量储备不足，因此耐力训练的比例总体上应向有氧耐力训练倾斜，但15～16岁的青少年末期则应逐渐增大无氧耐力训练的比例，直至接近成年运动员耐力训练水平，这样有利于为有氧、无氧耐力打下坚实的基础。

训练方法示例：

（1）在罚球区或半个足球场地内，进行8字形变速跑练习。横向跑动时要求运动员慢速放松跑，斜向跑动时要求运动员用80%能力进行冲刺跑，6圈为一组，练习3组，间歇5～8分钟（图5-2-8）。

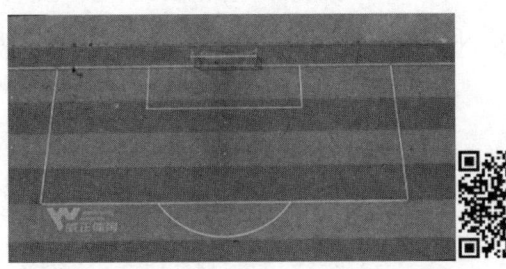

图 5-2-8　"8"字变速跑

（2）运动员从区域四角听哨音出发，冲刺至区域中央，间歇片刻后听哨音冲刺至下一起点。要求在规定时间内冲刺到各自区域。冲刺时间与间歇时间根据运动员年龄及能力所定（图5-2-9）。

图 5-2-9　间歇跑

（3）利用标志盘、标志桶、跳杆、圆圈等训练器材，进行有氧与无氧的前进侧向跑、滑步、跳、步伐综合练习（图5-2-10）。

图 5-2-10　有氧与无氧综合练习

四、柔韧性训练

运动员的柔韧性是指运动员充分预热后而进行运动肢体伸展的能力。柔韧性对于运动员完成动作质量和运动后的恢复有着重要的作用，而且柔韧性的好坏也是影响运动员损伤及提高动作效率的重要影响因素。柔韧性一般分为动态柔韧和静态柔韧。

1. 动态柔韧

动态柔韧是指运动员进行动力性运动时肢体充分伸展的能力。动态柔韧有助于保持运动员关节运动的幅度，但不能改善肌纤维长度。动态柔韧还会引起肌肉牵张反射。

2. 静态柔韧

静态柔韧是指运动员只依靠主动肌的拉力使身体保持在某一伸展位置上的能力。静态柔韧练习会引起疲劳,影响肌肉工作能力。在热身时不要进行过多的静态柔韧练习,但可将其安排在训练结束后的放松部分。

训练方法示例:

(1) 慢跑热身后的动态热身操(图 5-2-11)。

图 5-2-11　动态热身操　　　　图 5-2-12　动态柔韧练习

(2) 结合球的动态柔韧练习(图 5-2-12)。

(3) 单人静态柔韧牵拉练习(图 5-2-13 至图 5-2-28)。

图 5-2-13　上肢伸拉 1　　　　图 5-2-14　上肢伸拉 2

图 5-2-15　下肢伸拉 1

图 5-2-16　下肢伸拉 2

图 5-2-17　下肢伸拉 3

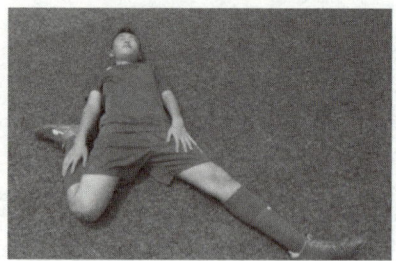
图 5-2-18　下肢伸拉 4

图 5-2-19　下肢伸拉 5

图 5-2-20　下肢伸拉 6

图 5-2-21　下肢伸拉 7

图 5-2-22　下肢伸拉 8

图 5-2-23　下肢伸拉 9

图 5-2-24　下肢伸拉 10

图 5-2-25　侧身伸拉

图 5-2-26　全身伸拉 1

图 5-2-27　全身伸拉 2

图 5-2-28　全身伸拉 3

（4）两人一组的静态柔韧拉伸练习（图 5-2-29 至图 5-2-34）

图 5-2-29　上肢伸拉

图 5-2-30　下肢伸拉 1

图 5-2-31　下肢伸拉 2

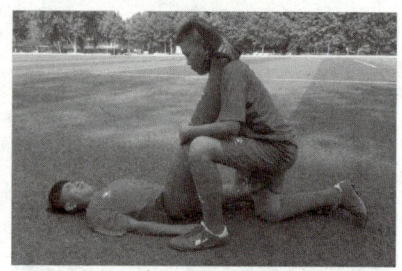

图 5-2-32　下肢伸拉 3

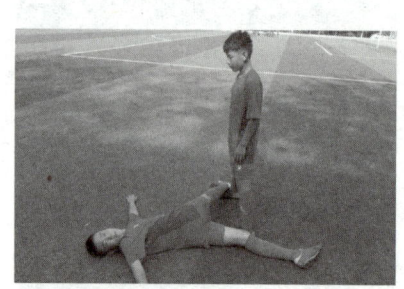

图 5-2-33　下肢伸拉 4

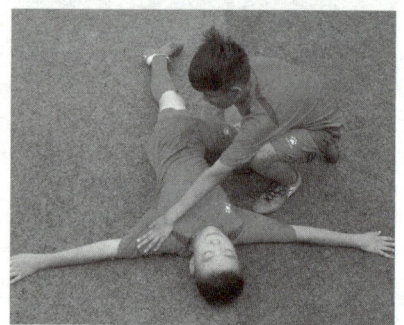

图 5-2-34　全身伸拉

五、灵敏性训练

灵敏素质是指运动员在多变的且复杂的运动环境下、随机应变地做出的能够迅速、准确、协调地改变身体运动状态的能力。它是一种在不失去自身平衡、力量、速度和身体控制情况下改变运动状态和方向的能力。

灵敏素质是多种素质的综合表现，所以安排训练内容时应与其他素质结合进行，注意多样化，方法应富有趣味性、竞争性，尽可能结合各种运动的特点来设计练习,在练习环境中力求体现比赛中运动灵敏素质的背景条件。

训练方法示例:

(1)运用标志物,做各种跑动的灵敏性练习,例如 U、X、T、W、V 跑动练习(图 5-2-35)。

图 5-2-35　灵敏性跑

(2)队员将对抗服别在腰间做"尾巴",在规定区域内进行 1 对 1、2 对 2、3 对 3 或团体形式的扯"尾巴"游戏(图 5-2-36)。

图 5-2-36　敏捷对抗

六、协调性训练

协调性并非是一种单纯的运动素质,它是多种身体素质的集中表现,与运动员有机体各器官系统的功能、心理品质和个性特征以及技能储备等联系密切,是各种能力的综合表现。

训练方法示例:

利用跳圈、标志杆、标志盘等器材做各种协调性练习(图 5-2-37)。

图 5-2-37　协调性练习

第三节 足球专项体能训练

足球专项体能训练是指运动员在足球训练过程中采用与足球有紧密联系且相关的身体练习形式、训练方法和手段，提高足球技战术所需要的运动素质、机体各器官系统的机能水平，以保证掌握合理的技术、战术及其在比赛中有效地运用。足球运动员的专项体能训练是运动员训练整体中的一个组成部分。训练的内容、方法、手段的选用都要严格服从于足球运动特点和运动能力提高的需要。

一般体能训练与足球专项体能训练是不可分割的，一般体能训练是足球训练的重要组成部分。体能是足球竞技能力的要素之一，是足球比赛重要的物质基础，高水平的比赛必须有高体能的训练储备。足球专项体能训练的目标是利用人体适应性原理，通过不同的训练刺激，使机体能力满足比赛的最大需求。

足球专项体能训练主要目的是根据足球比赛的生理学特点，在全面身体素质发展的基础上进一步提高比赛所需的运动员的身体能力。如对抗伤病能力，反应速度、动作速度和位移速度能力，长距离奔跑能力，短距离冲刺能力，长时间、高强度、高对抗情况下机体耐乳酸能力等。

依据足球比赛的能量供应特征，足球运动员的体能训练主要分有氧能力训练、无氧能力训练和特定肌肉训练三类。青少年的体能训练主要以有氧训练为基础，有机地把力量、速度、耐力、柔韧、灵敏、协调等素质练习与有球活动结合起来（图5-3-1）。

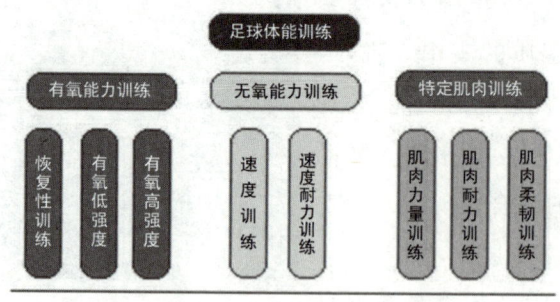

图 5-3-1　足球运动员体能训练图

一、有氧能力训练

运动员在比赛中跑动的距离和足球比赛的水平密切相关,即水平越高的比赛,运动员跑动的距离相应也越长。因此,运动员需要有良好的耐力水平,以保持在比赛中长时间、高强度的运动能力。

有氧训练的目标:增大心输出量;增加肌肉在延时运动时对氧的利用效能;在高强度运动后,提高身体快速恢复能力。运动员有氧能力的提高,可增加比赛中有氧供能的比例,耐力得到有效提高,有助于队员较高强度的延时运动中保持体力,能有效降低由疲劳导致的精力不集中和动作变形。有氧能力训练可分为三种:恢复性训练、有氧低强度训练及有氧高强度训练(表5-3-1)。

表 5-3-1 有氧训练的心率控制参数表

有氧训练	心率次数/min		心率最大值/%	
	平均值	范围	平均值	范围
恢复性训练	130	80～160	65%	40～80%
有氧低强度训练	160	130～180	80%	65～90%
有氧高强度训练	180	160～200	90%	80～100%

1. 恢复性训练的组织

教练员应选择相对安静的环境,安排一些轻松的身体活动。如慢跑、低强度的有球练习或游戏,使队员在轻松的精神状态下机体能得到积极性的恢复。在恢复性训练中,关键要控制好练习强度/脉搏。

2. 有氧低强度训练的组织

提高毛细血管和肌肉氧化的潜力,改善运动员的有氧耐力。可安排间歇式或连续式练习形式。采用间歇练习时,每次练习时间应在5min以上;如进行无球练习,必须有强度变化,即在心率最大值70%～90%间交替进行。

3. 有氧训练原则(表5-3-2)

表 5-3-2 有氧训练原则

	心率				摄氧量 ($\%VO_2\,max$)	
	最大心率		次/分钟			
	平均	范围	平均	范围	平均	范围
恢复性训练	65	40~80	130	80~160	55	20~70
小强度训练	80	65~90	160	130~180	70	55~85
大强度训练	90	80~100	180	160~200	85	70~100

训练示例：

(1) 将球员分为 2 组，做迎面运球传球练习，练习时长约 2 分钟（图 5-3-2）。

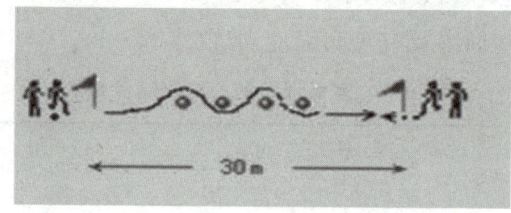

图 5-3-2 迎面传接球

(2) 将球员分为 2 组，迎面运球后做二过一传球配合，练习时长约 2 分钟（图 5-3-3）。

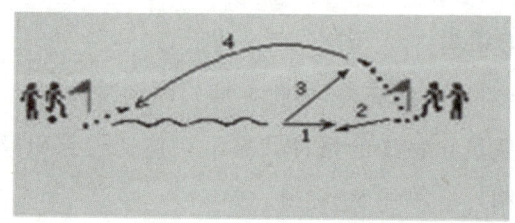

图 5-3-3 运球传球

(3) 将球员分为 4 组，传空中球后做冲刺跑练习，练习时长约 4 分钟（图 5-3-4）。

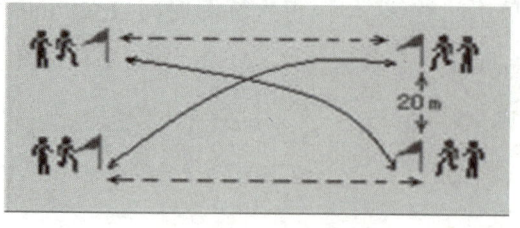

图 5-3-4 传球冲刺跑

（4）做半场7对7或8对8的传控球逼抢练习,练习时长10~12分钟(图5-3-5)。

图 5-3-5　半场传抢

（3）传、运、射、跳、跑等多种组合形式的练习(图5-3-6)。

图 5-3-6　多种组合有氧练习

二、无氧能力训练

足球比赛中运动员常需要频繁地进行快速运动,如全速奔跑、快速变换方向等,运动中的血乳酸的升高也提示存在大量的糖酵解供能。通过无氧训练可提高反复地进行大强度运动的能力。无氧训练可分为速度训练和速度耐力训练。

在足球比赛的对抗环境中,大量的技战术活动要求队员"爆发性"地完成,如抢断球、抢点射门、运球突破、长传球、急停、急起等。这些活动多是由无氧系统供给能量。因此,青少年无氧能力的训练主要以速度训练为主,16岁以下不宜进行速度耐力训练。

1. 速度训练的组织

进行足球速度训练,重要的是将认知速度与动作速度结合,无球速度与有球速度相结合。速度训练应安排在训练的前半部分,要在充分热身后进行;每次练习的时间控制在2~10s,不超过10s;距离建议控制在20米以内;练习要竭尽全力;练习的间歇时间要充足,至少是练习时间的5倍,使身体基本达到完全恢复。

2. 速度耐力训练的组织

速度耐力训练的运动强度应接近极限;按照快慢交替的原则组织练习;练习的时间建议掌握在20s以上;速度耐力训练可分为提高性训练与维护性训练。提高性训练的目的是提高在相对较短时间内极限运动的能力;而维护性训练的目的则是提高维持高强度运动状态的能力。

3. 无氧训练的原则(表5-3-3)

表5-3-3 无氧训练的原则

		运动时间/s	休息时间	运动强度	重复次数
速度训练		2~10	运动时间的5倍以上	最大	2~10
速度耐力训练	偏重速度	20~40	运动时间的5倍以上	几乎最大	2~10
	偏重耐力	30~90	等于或略少于运动时间	几乎最大	2~10

训练示例:

(1)5米×20米场地快速带球折返跑(图5-3-7)。

图5-3-7 带球折返跑

(2)8字运球后的带球冲刺练习(图5-3-8)。

图5-3-8 "8"字运球冲刺跑

(3)球性练习后,听口令迅速带球追逐跑(图5-3-9)。

图5-3-9 带球追逐

图5-3-10 球性练习结合冲刺跑

(4)两人一组进行球性练习,听哨音快速冲刺折返跑(图5-3-10)。

三、特定肌肉训练

足球比赛所需的肌肉力量和肌肉耐力经过系统的训练会不断提高。然而,为更加有效增强和平衡某些肌肉力量,需要进行一些特定的肌肉训练。特定肌肉训练的目标:增加在比赛中爆发性肌肉力量的输出;提高肌肉维持高强度运动的效能;避免运动损伤;提高肌肉在高强度之后的恢复能力。青少年(16岁以下)的特定肌肉训练,建议不采用负重形式,而以克服自身阻力为宜。

1. 肌肉力量训练的组织

力量训练前要充分热身;针对某个肌群的一组练习后,要有足够的休息时间;要限定练习的速度和强度,练习时间建议在5～10s内;尽可能与足球技术动作用力方式保持一致;力量训练课后,要进行充分的牵拉放松。

2. 肌肉耐力训练的组织

练习的负荷不应过大;针对一个肌群的练习要保持一定持续时间,建议在15s以上;可以选择动态和静态方式,或两者交替进行;练习间歇建议采用不完全恢复方法。

3. 肌肉柔韧训练的组织

肌肉柔韧训练通常采用牵拉的方法。热身活动的牵拉可有效提高肌肉工作的适应性;而放松活动的牵拉,则可调节肌肉张力,加快消除肌肉疲劳。牵拉练习应在肌肉预热之后进行;在动作到位后,保持相应的静态10～20s;受牵拉肌肉应有明显的张力感;每次牵拉后进行相应部位的放松。为有效保持肌肉柔韧度和肌肉弹性的协调,训练应注意动静结合、张弛结合、深浅结合和快慢结合。

训练示例:

(1) 3～5人一组利用足球进行俯卧撑、坐式举腿等力量游戏(图5-3-11)。

图 5-3-11　结合球力量练习

(2) 快速推、拉、拨、敲球练习。单脚和双脚、前进与后退相结合球的快速推、拉、拨、敲球练习(图5-3-12)。

图 5-3-12　球性练习

(3) Z字线快速运球变向练习。将标志物摆放成Z字路线,要求运动员运用各种运球脚法快速地运球至标志物处,并运用各种变向方式快速变向运绕标志物(图5-3-13)。

图 5-3-13　"Z"字运球

（4）利用绳梯、标志物等进行快速步伐后的传控球练习；单脚站立在平衡球上，在控制身体平衡前提下进行踢球练习（图5-3-14）。

图 5-3-14　结合器材球性练习

第四节　青少年体能训练敏感期与生理学特征

一、青少年体能训练敏感期

青少年处在身体、心理等各种身体素质快速发育阶段，在儿童时期身体的生长发育顺序为：先四肢后躯干，先下肢后上肢。在青少年身体发育时期，女生的发育一般情况下要快于男生，男生的成长发育期要比女生平均晚两年左右。不过无论男女生，其身体发育的最快时期都在12~15岁。因此，各身体素质与体能训练的敏感期均有所不同。

（一）力量素质的发展

青少年力量素质的发展规律一般是在其18～19岁以前随年龄的增长而持续稳定地增长。但是在青少年生长发育期间，发展不同种类力量素质的最佳年龄是不同的，且男女之间也存在较大差别。

1. 最大力量

男生在17岁以前、女生在15岁以前最大力量增长的速度较快。其中，男生在12～15岁、女生在10～12岁期间最大力量的增长速度将会达到顶点，之后男生到25岁、女生到20岁最大力量的增长速度会放缓。

在12岁以前的儿童时期，男女生的最大力量差距较小，女生为男生的85%左右。12岁之后由于男生最大力量增长速度加快，而女生增长速度放缓，使男女生之间的差距逐渐拉大。13岁之后，随着年龄的增加，男女生之间最大力量差距会越来越大。而到成年后，女生的最大力量一般情况下为男生的70%左右。

2. 力量耐力

男生在15～17岁、女生在10～11岁力量耐力增长最快；男生在22岁左右、女生在20岁左右力量耐力水平将会达到最高；男生在20岁左右力量耐力处于缓慢增长阶段，在23岁以后，力量耐力水平将会缓慢下降。女生的力量耐力一般在12岁左右出现一个高峰，在13～18岁时力量耐力增长会停滞甚至会出现下降现象。

3. 速度力量

相关研究表明，下肢肌肉的爆发力（如弹跳、起动能力），男生在15岁、女生在13岁以前增长迅速。其中，男生在12岁左右、女生在10岁左右速度力量能力会快速增长，而男生在16岁、女生在13岁以后速度力量水平增长速度会放缓。另有相关研究报道，男生在8～11岁、女生在9～10岁为跳跃能力发展的决定性时期；男生在9～15岁、女生在8～12岁为投掷能力发展的决定性时期。

速度力量能力在12岁以前男女生之间的差异较小，男生略高于女生。此后，随年龄的增长其差距逐渐拉大，17岁以后女生约为男生水平的70%。

（二）速度素质的发展

1. 反应速度

随着年龄的不断增长，反应速度也在逐步地提高。青少年在 6～12 岁阶段反应速度会大幅度提高，尤其是在 10～11 岁左右增长速度十分明显，在 12 岁时达到首次顶峰。青少年在 12 岁以后反应速度增长放缓，18 岁左右会出现增长的第二次顶峰。但总体来说，反应速度大体是随年龄增长而逐步提高。

研究表明，从事或者接受长期体育锻炼的青少年与不经常参加运动的青少年来比较，前者的反应速度明显高于后者，且两者之间的差距十分巨大。

2. 动作速度

随着年龄的增长，身体素质在逐步提高，动作速度也在不断提高。青少年在 13～14 岁时，动作速度水平较成人已十分地接近。

3. 位移速度

国外研究结果表明：7～13 岁是位移速度提高最快和最明显的时期。其中，男生 8～13 岁、女生 9～12 岁增长速度最快。男女生增长的总体趋势是：13 岁以前，男女生的位移速度差别并不十分明显，13 岁以后，男生依然保持快速的增长速度，而女生增长速度明显下降。

（三）耐力素质的发展

耐力素质发展的最佳时期为男生 10～20 岁、女生 9～18 岁，但是耐力素质的高低取决于青少年本身的体能素质与有氧、无氧供能系统的状况。因此，我们将其分为有氧耐力和无氧耐力，且无氧耐力的发展一般早于有氧耐力。

1. 有氧耐力

女生在 9～12 岁期间，有氧耐力增长幅度较大，在 14 岁左右有氧耐力水平下降。男生在 11～12 岁时，耐力素质大幅度提高，会出现第一个增长高峰，而到 16～17 岁时会出现第二个增长高峰。

2. 无氧耐力

男生在青少年期间，无氧耐力水平随年龄增长而快速提高，并会在 10、13、17

岁左右出现三次增长高峰。特别是18岁左右增长幅度最大，此时其无氧耐力水平正处在一个良好且快速的发展时期。女生无氧耐力从9～13岁期间逐年递增，之后的3、4年内水平会缓慢下降。

总之，男女生在青少年时期耐力素质差异较小，随着年龄的增长差距逐渐增大。但对于青少年来说发展耐力素质应注重培养有氧耐力，在此年龄阶段应以有氧耐力训练为主导，从15～16岁才逐渐加入无氧耐力训练。

（四）灵敏素质的发展

对于青少年来说，7～13岁期间是灵敏素质发展的最好阶段，此阶段青少年有较快的身体素质发展与较高的模仿能力，可以进行较为复杂或难度较高的技术动作学习。

研究表明，男女生的灵敏素质7～9岁阶段发展最快，均在19岁左右达到最高水平。男女生年龄越小其灵敏素质差异越小。

（五）柔韧素质的发展

研究发现，躯干和髋部的柔韧性直接影响或关系着运动能力的高低，而四肢的柔韧性与身体运动能力的关系较小。在儿童时期男女生柔韧性均为最好，这是因为儿童时期骨骼的弹性好，可塑性大，关节韧带的伸展度大。而从11岁左右开始，青少年由于进入人体发育的快速阶段，身高、体能、形态、生理等方面发展迅速，此时柔韧素质发展速度放缓，到18～20岁趋于停止，此后柔韧素质处于缓慢下降的趋势。普遍情况下，女生的柔韧素质比男生要好（表5-4-1）。

表5-4-1　青少年各身体素质增长阶段与稳定阶段年龄对比表

身体素质	增长阶段（岁）		稳定阶段（岁）	
	男	女	男	女
50米跑	7～15	7～13	15以后	13以后
立定跳远	7～16	7～13	16以后	13以后
立位体前屈	12～18	11～20	7～12岁	7～11岁
仰卧起坐	～	7～12	18以后	20以后
引体向上	13～19	～	19以后	12以后

二、青少年体能训练的生理学特点

(一) 9 岁组

骨骼特点:骨骼处于生长发育阶段,软骨成分较多,骨组织内的水分和有机物质(骨胶原)多,无机盐(磷酸钙、碳酸钙)少。骨密质较差,骨富于弹性而坚固不足。由于骨的硬度小,韧性大,具有不易完全骨折而易于发生弯曲和变形的特点。脊柱的生理弯曲较成人小,缓冲作用比成人弱,故不宜在坚硬的水泥地、沥青地面反复进行跑跳练习,以免引起过早骨化或骺软骨的损伤,影响骨的生长发育。

肌肉特点:肌肉占体重27.2%,肌肉重量不断增加,肌力较弱;肌力的发育不平衡,队员的肌肉中水分多,蛋白质、脂肪、无机盐类少,肌肉细嫩,收缩机能较弱,耐力差,易疲劳。少儿身体各部肌肉发育不平衡,躯干肌先于四肢肌,屈肌先于伸肌,上肢肌先于下肢肌,大块肌肉先于小块肌肉的发育。

血液循环系统:9~10岁以前中性粒细胞比较低,血量占体重的百分比高,血量占体重的百分比略高于成人,占15%左右。心脏重量和容积均小于成人,心率较快,7岁时为87次左右,而后随年龄的增长心率逐渐减慢。儿童的血压低,而后随年龄的增长递增。心输出量比成人小,但相对值每公斤体重的心输出量大,保证了生长发育过程中物质代谢的需要,这说明儿童的心脏可以胜任较紧张的肌肉活动。

呼吸系统:少年儿童时期,由于队员的胸腔狭小,呼吸肌力较弱,呼吸表浅,所以肺活量小,但儿童代谢旺盛,对氧的需要相对较弱,因而呼吸频率快,随着年龄的增大,频率逐渐少而肺活量增大。肺通气量小,儿童在训练时主要靠加快呼吸频率来增加肺通气量,而呼吸深度增加得很少,因为呼吸肌弱以及调节机能不完善的关系。无氧代谢和有氧代谢的能力均较成人低,不适宜进行强度大的剧烈运动和长距离赛跑。

神经系统:年龄越小,皮质抑制过程较弱而不完善,分化能力也就差,8岁以前精确分化能力很差,错误动作多。但神经系统发育最早、最快,两个信号系统7~8岁已接近成人水平,但儿童第二信号系统发育不完善,第一系统的活动占优势,直观形象思维能力相对较强。善于模仿,而抽象思维的能力相对较差。对示范等直观形象教学容易接受,9~16岁时第二信号系统技能进一步发展,联想、推理的思维活动能力逐渐提高。神经系统是发育最早最快的器官,神经活动过程不稳定,抑制过程占优势,兴奋和抑制过程在皮质很容易扩散,神经活动的强度和集中都较弱。因此,少年儿童活泼好动,注意力不易集中,做动作时动作不协调,不准确,易出现多余动作,建立条件反射快,消退快,重新恢复也快。

(二) 11岁组

骨骼特点:骨骼开始逐步增长。

肌肉特点:肌肉发育速度较快,力量逐渐增加,10岁以前不宜搞负重练习,可采用抗体重的一些练习,如徒手跑、跳等。

血液循环系统:血液循环系统与U-9无显著的变化,有的出现青春期高血压,以后逐年升高。

呼吸系统:10~11岁摄氧量增长最明显。

(三) 13岁组

骨骼特点:骨骼增长逐步加速,四肢长骨发育加快,骨的坚固性有所增强,成骨细胞开始活跃。

肌肉特点:肌肉占体重成分30%,13~14岁男孩肌肉重量增加特别迅速,肌力增加得最快。

血液循环系统:交感神经调节占优势,心肌发育不十分完善,运动时主要靠加快心率来增加心输出量以适应需要。血压变化并不明显,出现青春期高血压。

呼吸系统:胸廓相对比较狭小,呼吸表浅,这时摄氧量增加最明显。

神经系统:13~14岁时皮质抑制调节机制达到一定强度,分析综合能力明显提高,能较快地建立各种条件反射,但由于分化能力尚不完善,又受到小肌群发育较晚的影响,所以,掌握复杂精细的动作较困难,错误动作较多。

(四) 15岁组

骨骼特点:骨骼生长发育迅速是身高增长的最佳时期,主要表现在下肢骨的增长,成骨细胞迅速增长,由于发育,骨骼形态变长变粗,骨骼无机物比例增大,骨骼进一步趋于成人化。

肌肉特点：肌肉的发育落后于骨骼的生长，占体重的32.6%，14~15岁时肌肉特性已与成人的肌肉特性没有多少区别，可以进行较大重量的力量练习，并应以动力练习为重，进行必要的静力性练习时也要控制时间，做到动静练习相结合。

血液循环系统：进入青春发育期后，心脏发育速度增快，同时性腺、甲状腺等分泌旺盛，它对骨的生长发育、骨化过程、牙齿生长、面部外形、身体比例等方面都产生广泛的影响。在此期间，容易有青春期高血压，其特点是收缩压较高，具有起伏现象，舒张压则在正常范围。15~16岁时红细胞数为440万mm3，Hb的含量为13.9%，接近常人水平，15~16岁时出现青春期高血压值最高峰。

呼吸系统：14岁男生的最大摄氧量明显大于13岁男生，14~23岁特别是18岁以前每年最大摄氧量有逐年增多的现象。此期间摄氧量增长最明显，最大摄氧量与负氧债能力都提高。所以，这一年龄阶段的青少年其无氧代谢能力和有氧代谢能力也同时提高。

神经系统：神经系统的反应潜伏期缩短，分化能力提高，能够掌握复杂的高难动作。皮质抑制调节机能达到一定的强度，分析综合能力明显提高，能较快地建立各种条件反射，但由于分化能力尚不完善，又受到小群肌肉发育较晚的影响，所以，掌握精细的动作较困难。

（五）17岁组

骨骼特点：随着骨的生长，逐步骨化，无机盐逐步增多，水分逐步减少，坚固性逐渐增强，韧性逐渐降低，生长速度减慢，四肢骨与脊髓骨发育快要结束，身高已基本达到接近于成年人的身高。

肌肉特点：肌肉占体重的40%，小肌肉群也迅速发育，此阶段为躯干增长最快时期，因为骨已基本停止生长，而肌力的发展有一定的规律性，当身高生长加速时，肌肉主要纵向发展，长度增加较快；当生长加速期结束后，身高的增长缓慢，肌肉横向发展较快，这时肌纤维明显增粗。

血液循环系统：16岁已接近成人，这时脉搏次数增加得少。

呼吸系统：摄氧量增长比较缓慢。

神经系统：两个信号系统机能相对其他系统已发展得相当完善．反应潜伏期缩短,分化能力提高。

(六) 19 岁组

骨骼特点:无机盐增多,水分减少,坚固性增强,韧性降低,骺线消失,骨的生长基本结束。但脊柱的椎体到20～22岁才骨化完成,所以青春期要看上半身的长势。

肌肉特点:肌肉生长加速期结束,身高增长缓慢,肌肉向横向发展较快,肌纤维明显增粗,肌力增加最明显,同时体重增加也明显。肌肉内的有机物、无机物、水的含量已基本接近成人。

血液循环系统、呼吸系统:心血管循环、呼吸系统发展已基本成人化。

神经系统:第二信号系统机能已发展趋于成人水平,皮质的兴奋与抑制过程趋于稳定,能够掌握复杂的高难度动作(表5-4-2)。

表 5-4-2 中国青少年足球训练大纲

年龄组	训练目标(体能方面)	训练内容(体能方面)
U6(6岁以下)	肢体灵活性、协调性上有所提高	借助足球游戏活动,进行多种形式的不同方向跑动
U7～U8 (6～7岁)	队员在灵活、协调、柔韧、速度和平衡能力上有一定的提高	灵敏敏感期,综合发展灵敏素质、速度素质及提高柔韧性,游戏与辅助器材练习
U9～U10 (8～10岁)	培养正确的跑、跳动作,发展身体柔韧性、灵敏性、协调性和平衡能力,特别是踝关节、膝关节灵活性和柔韧性	发展平衡、协调、灵活性能力为主,发展速度素质,采取多种跑动。进一步加强身体各部位的柔韧性。
U11～U12 (10～12岁)	提高快速反应、快速完成动作和身体协调控制能力,突出发展灵敏协调,提升关节灵活性和柔韧性	借助器材发展平衡、协调和灵活性,加强队员反应、动作速度位置的结合球练习
U13～U14 (12～14岁)	速度素质和有氧耐力提高明显,身体各关节灵活性、柔韧性、协调性有改善。核心力量得到发展	徒手练习与自我保护练习,速度素质和有氧耐力练习各种跳跃、身体冲撞力量练习
U15 (14～15岁)	有氧耐力素质提升,在速度专项上有明显进步,核心力量增强,身体各部位灵活性、柔韧性、协调性进一步提升	加强平衡、协调、节奏感能力为主的徒手动作与自我保护练习,加强结合球的有氧练习,加强身体各部位的灵活性与柔韧性练习

第六章　青少年队员体质测试与档案建立

本章提要：队员档案是通过对队员的注册信息、身体指标、专业履历、竞赛数据、综合评价等方面进行记录和整理，最终保存并不断更新的记录载体。通过队员档案所提供的内容，能够为队员提供有效的个人凭证，为学校和俱乐部提供专业相关履历的参考，为教练员和裁判提供竞赛相关数据的支持，有助于提高足球管理机构的工作效率。

 青少年队员体质测试

体质测试是了解人体的体质状况和运动水平的重要手段，通过对队员进行体质测试，可研究其不同年龄阶段的体质状况和运动水平的变化规律，为训练与科研提供重要数据支持。在不同的地理环境和客观条件中，不同人的体质会有明显的个体差异和阶段性。根据体质测试结果来合理组织体育活动、制订训练计划并进行队员选材，不仅可以提高教学质量，还能够最大限度避免意外发生。

一、形态指标

身体形态测量应严格遵循测量学的可靠性、有效性和客观性原则，做到测量方法和仪器的统一、标准化，再次测量时应与初次测量的条件相同，测量仪器在使用前应校对，在测量过程中每测 100 人左右需校对一次，保证数据的准确性。

形态测量的基本指标包括身高、坐高、体重、BMI 指数、人体成分、胸围与呼吸

差、跟腱与踝围、足弓结构等,守门员还应测量臂展。

足球运动员的基本体型特征是:身体相对匀称,臀部肌肉紧缩上收,大腿肌肉相对发达,小腿肌肉线条明显、细长且有弹性,跟腱明晰,踝关节细而紧,足弓较高等。总体而言,身材高大且灵活快速是理想的足球选材特征。从位置角度考虑,守门员和中卫队员须有一定的身高,但身高作为足球选材的指标不是绝对的,需综合队员位置需求与综合素质进行评定。

1. 身高

身高是指人体直立时支撑面(身高计底板)至头顶点之间的垂直距离,是反映骨骼发育状况、评价人体纵向生长发育水平的重要指标之一。

测量仪器:身高计。

测量方法:受试者裸足以立正姿势站于身高计底板上,上肢自然下垂,足跟并拢,足尖分开呈60°,足跟、骶骨及两肩胛间与立柱相接触,躯干自然垂直,头部正直,耳屏上缘与眼眶下缘呈水平位。水平压板轻压与受试者头顶。读数时双眼与压板平面等高。精确到小数点后一位。

注意事项:身高计应平坦靠墙放置,刻度尺面向光源。规范立正姿势,双眼与压板平行。清晨或上午测量为宜。

2. 坐高

坐高是指人体呈坐姿时、头顶点至坐板平面的垂直距离。

测量仪器:坐高计。

测量方法:受试者坐于坐高计坐板上,使骶骨部、两肩胛间与立柱相接触,躯干自然垂直,头部正直,耳屏上缘与眼眶下缘呈水平位,双腿并拢,大腿与地面平行并与小腿呈直角,上肢自然下垂,双足踏于坐高计底板。水平压板轻压于受试者头顶。读数时与压板平面等高。精确到小数点后一位。

注意事项:测量时应让受试者先弯腰,使骶骨部紧靠支柱后坐直,其他与测身高相同。

3. 体重

体重是指人的身体重量,是描述人体横向发育,反映人体骨骼、肌肉、皮下脂肪和内脏器官综合发育状况的整体指标。

测试仪器:体重计。

测量方法:受试者男生着短裤、女生着短裤背心站立于体重计中央,保持直立姿势静止3秒,进行读数记录。

注意事项:受饮食和运动排汗影响,一天内也有所变动,一般上午10点左右测量为宜。

4. BMI 指数

目前广泛应用的身高体重判断标准是计算体格指数(Body Mass Index,简称BMI)。该指数为近年来国际流行的标准体重测量方法,是 WHO 推荐的国际统一使用的标准参数。

计算公式:BMI=实际体重(kg)/身高(m)^2。

1998年 WHO 发布了对成年人的 BMI 分级标准。中国有关部门也提出了《国家学生体质健康标准》,其中的 BMI 单项标准如下(表 6-1-1-1,6-1-1-2,6-1-2-1,6-1-2-2):

表 6-1-1-1 男生小学阶段体重指数(BMI)单项评分表(单位:千克/米^2)

等级	单项得分	一年级	二年级	三年级	四年级	五年级	六年级
正常	100	13.5~18.1	13.7~18.4	13.9~19.4	14.2~20.1	14.4~21.4	14.7~21.8
低体重	80	≤13.4	≤13.6	≤13.8	≤14.1	≤14.3	≤14.6
超重		18.2~20.3	18.5~20.4	19.5~22.1	20.2~22.6	21.5~24.1	21.9~24.5
肥胖	60	≥20.4	≥20.5	≥22.2	≥22.7	≥24.2	≥24.6

表 6-1-1-2 男生中学及大学阶段体重指数(BMI)单项评分表(单位:千克/米^2)

等级	单项得分	初一	初二	初三	高一	高二	高三	大学
正常	100	15.5~22.1	15.7~22.5	15.8~22.8	16.5~23.2	16.8~23.7	17.3~23.8	17.9~23.9
低体重	80	≤15.4	≤15.6	≤15.7	≤16.4	≤16.7	≤17.2	≤17.8
超重		22.2~24.9	22.6~25.2	22.9~26.0	23.3~26.3	23.8~26.5	23.9~27.3	24.0~27.9
肥胖	60	≥25.0	≥25.3	≥26.1	≥26.4	≥26.6	≥27.4	≥28.0

表 6-1-2-1　女生小学阶段体重指数（BMI）单项评分表（单位：千克/米²）

等级	单项得分	一年级	二年级	三年级	四年级	五年级	六年级
正常	100	13.3～17.3	13.5～17.8	13.6～18.6	13.7～19.4	13.8～20.5	14.2～20.8
低体重	80	≤13.2	≤13.4	≤13.5	≤13.6	≤13.7	≤14.1
超重		17.4～19.2	17.9～20.2	18.7～21.1	19.5～22.0	20.6～22.9	20.9～23.6
肥胖	60	≥19.3	≥20.3	≥21.2	≥22.1	≥23.0	≥23.7

表 6-1-2-2　女生中学及大学阶段体重指数（BMI）单项评分表（单位：千克/米²）

等级	单项得分	初一	初二	初三	高一	高二	高三	大学
正常	100	14.8～21.7	15.3～22.2	16.0～22.6	16.5～22.7	16.9～23.2	17.1～23.3	17.2～23.9
低体重	80	≤14.7	≤15.2	≤15.9	≤16.4	≤16.8	≤17.0	≤17.1
超重		21.8～24.4	22.3～24.8	22.7～25.1	22.8～25.2	23.3～25.4	23.4～25.7	24.0～27.9
肥胖	60	≥24.5	≥24.9	≥25.2	≥25.3	≥25.5	≥25.8	≥28.0

5. 人体成分

人体成分包括体脂肪率、体脂肪量、肌肉量、内脏脂肪水平等，通过节段分析测量躯干、上肢及下肢的人体成分，其数据能够为队员的营养摄取和训练计划提供理论依据。

测量方法：受试者裸足站立于人体成分分析仪底板电极之上，待输入个人身体信息之后，双手握紧手柄电极进行测量，测量时间约20秒。

注意事项：为保证测量结果的准确性，受试者在测量期间不可说话和移动。

6. 胸围与呼吸差

胸围又称胸廓外围周长，一般指人体胸部外圈周长，是反映呼吸器官、胸部肌肉和脂肪发育情况的围度指标。

测量方法：受试者两足分立与肩同宽，双手自然放松下垂。将带尺上缘经背部肩胛骨下角下缘绕至胸前。男性及未发育女性带尺下缘置于乳头上缘，已发育女性带尺经乳头上方胸中点（与第四肋骨平齐）进行测量。

注意事项：带尺围绕过程中应紧贴皮肤，不可出现松弛。在测量过程中带尺围绕力度应适中，不可过松或者过紧。

呼吸差又称胸围差，指人体深吸气胸围减去深呼气胸围所得出的差值，是衡量呼吸功能和胸腔容量的指标之一。

测量方法：受试者站立方式与测量部位同上，在保持带尺紧贴状态下，让受试者进行深吸气并记录胸围最大值，再进行深呼气并记录胸围最小值，最终通过两数值相减得出受试者的呼吸差。

公式为：呼吸差＝深吸气胸围－深呼气胸围。

一般正常人呼吸差为6～8厘米，长期从事体育运动的人可达8～10厘米，运动员可达12～15厘米。

7. 跟腱与踝围

跟腱长一般是指小腿三头肌（比目鱼肌、腓肠肌内、外头）肌腱在足跟上方约15厘米处融合形成的跟腱长度。

测量方法：让受试者踮起脚尖，使小腿后群肌隆起，在其底端进行标记，之后恢复正常站立，以标记所处位置为起点，测量其与内踝尖所在位置的垂直距离，所得数值即为跟腱长。

踝围是指踝关节的周长。

测量方法：保持正常站立，通过带尺平行于脚底，经内外踝水平测量得出踝关节的周长。

研究表明，跟腱长和踝围小的队员有速度、弹跳和爆发力的优势。跟腱的测定可目测其是否清晰，还可通过踝关节的跖屈和背伸测验，间接评价跟腱长度。根据结果可用踝腱长指数（跟腱长/胫骨长＋足高）评定跟腱，用踝围指数（踝围×100/跟腱长）评定踝围。

8. 足弓结构

足弓结构是指跗骨、跖骨的拱形砌合，以及足底的韧带、肌腱等具有弹性和收缩力的组织共同构成的一个凸向上方的弓形结构。足弓结构与速度和弹跳力密切相关。

测量方法：可先用印迹法拓出足印，再根据足弓空白区与最窄印宽进行对比：正常足为2∶1，轻度扁平足为1∶1，扁平足为1∶2。

9. 臂展

臂展是指在标准直立姿势中双手向两侧伸直、手指伸直状态下,两侧最长手指顶端之间的距离。

测量方法:受试者呈标准直立姿势,双手向两侧伸直,手指展开。用卷尺或马丁测高尺以一侧最长手指的尖端为起点,与手臂平行并拉伸至另一侧最长手指尖端,读取数据并进行记录。

臂展通常作为守门员的选材标准之一。研究表明,臂展较长的守门员相对于同等身高的队员有一定优势。同时需要注意的是,肌肉爆发性较高的队员一般臂展小于或等于身高。

二、机能指标

身体机能是指人的整体及其组成的各器官系统所表现的生命活动。足球运动员机能测试的内容主要有心肺功能和肌肉功能两方面。

1. 心肺功能

心肺功能指标主要有脉搏、血压、血色素、肺活量、最大摄氧量、血乳酸等。有资料证实,运动时最大心率的遗传度为 0.859。因此,训练对最大心率的影响不大。血压在运动中收缩压上升,舒张压下降且恢复时间短,血色素高、肺活量及最大摄氧量大,强度运动中耐受乳酸能力强,即血乳酸值高是机能状态良好的表现。其中肺活量是评定肺通气功能的重要指标(表 6-1-3)。

表 6-1-3　肺活量评定表

肺活量/ml	9～10 岁	12 岁	15 岁
优秀	2350 以上	2700 以上	3200 以上
良好	2000 以上	2400 以上	2800 以上
中等	1800 以上	2100 以上	2400 以上
及格	1500 以上	1800 以上	2100 以上
较差	1500 以下	1800 以下	2100 以下

2. 肌肉功能

肌肉功能的测试通常以肌肉活动评定红、白肌纤维比率，用各种肌力测试来评定身体各部位的肌肉特征和力量。足球运动员的肌纤维类型应是白肌纤维比率大、肌力爆发强为优。

3. 身体素质

身体素质包括力量、速度、耐力、灵敏和柔韧等方面。足球运动员的素质特征是：爆发性力量强，反应速度、起动速度快，速度耐力和一般耐力，灵敏性和柔韧性较好。

(1) 30米跑：穿胶鞋站立式起跑。主要评定队员的起动速度。

(2) 立定跳远：穿胶鞋在平地进行。主要评定腿部爆发力。

(3) 5米×25米折返跑：在25米的区间每隔5米摆一标志物，队员依次加速折返跑完全程。主要评定队员的专项速度耐力及灵敏性。

(4) 仰卧快速收腹：在垫上或草地上仰卧，上身和下肢向上折体后有控制地放下，快速连续做。评定队员的腰腹肌力量和身体柔韧性。

(5) 灵活性测试：主要评定队员的协调性和灵活性。

第二节 青少年队员档案的建立

队员档案是通过对队员的注册信息、身体指标、专业履历、竞赛数据、综合评价等方面进行记录和整理，最终保存并不断更新的记录载体。队员档案所提供的内容能够为队员提供有效的个人凭证，为学校和俱乐部提供专业相关履历的参考，为教练员和裁判提供竞赛相关数据的支持，有助于提高足球管理机构的工作效率。

一、个人档案的建立

如表6-2-1所示，队员的个人档案应是具有高度的真实性、可靠性的信息资料，其中应包括队员的个人信息、身体指标、专业履历等方面，同时，作为校园足球的一分子,队员的身份应是学生,其在学校的基本信息也应记录在案。这是队员在进行足球运动中形成的原始记录,是具有法律效用的文档资料,因此需要保证其真实性,并需要队员所在学校或俱乐部与足球管理机构共同保存和更新,以维护队员的合法权益,保证管理工作的顺利进行。

表 6-2-1　队员个人档案示例

姓名		生日		骨龄	
身高		体重		年龄	
所在学校		所在年级		所属俱乐部	
体质测试指标	30米跑	立定跳远	往返跑	运球绕杆	定点踢准	颠球
参加比赛经历						
参加培训经历						

二、比赛记录档案的建立

如表 6-2-2 所示,在进行竞赛的过程中,队员参加比赛过程中所产生的信息,如参赛记录、个人比赛数据、犯规情况等,也应记录在案。这种信息的记录既为队员所属的学校与俱乐部的管理工作提供参考,也便于赛事相关管理机构开展工作。

表 6-2-2 队员参赛记录示例

球队名称			球队名称		
队员名单	姓名	号码	队员名单	姓名	号码
替补名单			替补名单		
进球			进球		
黄牌			黄牌		
红牌			红牌		
换人			换人		
备注			备注		

三、队员数据库的建立

如表 6-2-3 所示，队员数据库是对全国乃至全球注册在案的队员进行整体统计的记录载体，其主要内容是记录队员的个人信息、所属学校俱乐部、身体指标、技术特点、擅长位置、心理特征等方面。队员数据库是以统计学的方式对队员进行分析,最终通过量化评价队员的竞技能力。队员数据库能够为教练制订针对性训练提供参考,为俱乐部人才选拔提供数据支持,也能让队员对自身有一个直观的了解,增加队员参与足球运动的积极性和归属感。

表 6-2-3 队员数据库范例

姓名		身高		体重	
生日		年龄		位置	
所属学校		年级		所属俱乐部	
个人简介					
主要参赛经历					
技术统计					
日期		赛事		比赛		首发/替补		出场时间	
进球	助攻	传球	过人	抢断	越位	犯规	红牌	黄牌

第七章　如何做好一名教练员

本章提要：足球教练员作为整支球队的组织者和领导者，在足球训练、比赛、教育和管理过程中起着主导作用。教练员的重要任务在于通过系统的科学训练，不断提高队员的技能、体能等各种能力，并将其转化为运动成绩。本章主要对教练员的素质、基本职责、基本能力、训练中应注意的环节以及不同学段球队比赛时如何进行指导等问题进行了分析。

 教练员的基本素质

当前，校园足球活动如火如荼，蓬勃开展，对教练员的基本素质提出了更高的要求。

足球教练员基本素质是足球教练员在足球实践和学习中获得的、在足球教学训练和比赛过程中表现出的相对稳定的专业特征和品质，一般包括道德品质、文化基础、专业能力、心理素质和身体素质等，几个方面相互促进、相辅相成。

一、道德品质

作为一名优秀的足球教练员，首先应具备良好的品德素质。品德素质主要包括敬业精神、人生观、道德观、法纪观、思想品行、修养操守、理想追求、价值取向等。这些品德构成了一个人的人格魅力。足球教练员的人格魅力对运动员具有潜移默

化的作用,是足球教练员发挥主导作用的前提条件。足球教练员是运动训练的启蒙者、技术的引导者,也是运动员思想品德的塑造者。

二、文化基础

足球教练员的根本任务是提高运动员和足球队的竞技水平,创造优异的运动成绩,完成这一任务需要足球教学、训练、选材、恢复、饮食营养、医务监督与治疗、思想教育与心理训练以及队伍管理等多方面的相互协同,需要教练员具备丰富的文化知识和专业知识。高速发展的足球运动已进入多学科知识综合运用的时代,足球教练员必须具备良好的文化修养与合理的知识结构,才能适应现代足球竞技的发展需求。教练员除需具备深厚的足球专业理论知识外,还要具备与足球运动相关的交叉学科和边缘学科等跨学科知识,只有这样才可能不断提高足球运动的训练水平,培养出高水平的运动队。

三、专业能力

足球训练是一个复杂的动态系统,由教练员、运动员和训练活动三个方面组成。足球教练员通过技术和战术信息的传递,引导运动员技战术不断发生良性变化,并对技术和战术信息进行修正,从而引导运动员向预定目标状态发展。可以说,足球教练员在一定程度上决定着运动队技战术水平与技战术特点,其训练方法和手段的合理性与针对性、训练过程中信息获取的及时性、训练计划制订的科学性等都将直接影响着运动训练的效果。在高水平的竞技运动训练中,对运动员的训练都要有准确的针对性和精确的定量化及合理的高负荷。足球教练员在实践过程中必须具备制订和执行训练计划、合理安排训练内容及负荷、运用科学训练方法和手段、诊断运动员竞技状态和训练效果、适时调控训练计划、合理运用恢复手段和安排饮食营养的专业能力,才能成功训练和指导出一只优秀的足球队。

四、心理素质

指导足球训练比赛的过程是对运动员和队伍的精神、身体机能、技术战术以及心理品质的一种综合的多元化培养,又是一种复杂人际交往的过程。在这个过程中,教练员的心理素质起着很重要的作用,甚至直接影响着足球训练工作的实施以及足球运动员在训练和比赛中的情绪。教练员只有具备良好的心理素质,才能在训练和比赛中处事不慌、遇险不惊,才能有效指导和教育运动员,使他们在足球训练比赛中保持良好的心理状态,才能使队员产生较强的向心力,取得较好的运动成绩。

五、身体素质

教练员不仅要向运动员传授足球的基本知识,还要向他们传授动作技术,有时还要充当运动员的陪练,因此足球教练员工作需要消耗极大的体力、智力和精力,这就要求教练员必须具有强健的身体素质,才能胜任教练员工作。教练员强健的身体素质是当好教练员的本钱,尤其是对于那些高水平专业教练员,只有具备健康的体魄,才能够适应训练比赛的快节奏,才能够适应训练场上的高强度,才能够取得更好的训练和竞赛成绩。

第二节 教练员的基本职责

一、组建学校足球队

根据年龄段组建本校球队,如:一、二年级,三、四年级,五、六年级和初中及高中球队。也可以借鉴国家青少年U系列比赛来组建球队。教练员根据比赛情况要进行挑选或调整运动员,将符合参赛条件的优秀运动员,优化组合使运动队有可能完成成绩指标,并做到新老衔接,层次合理,后继有人。

二、发挥足球育人功能

做好运动员的思想教育、学习、管理等方面的工作,善于激励和调动运动员的训练积极性,充分发挥运动员的智慧。同时要培养运动员遵守各项规章制度,树立和形成良好的队风。对队员进行礼仪教育、规则教育,明白团队精神在足球运动中的重要意义,知道合作与帮助,懂得关心别人,能够经受挫折,帮助队员形成积极、健康的"三观"。

三、制订训练计划

根据年度、学期比赛任务,从实际出发制订年度、学期、月、周和课的训练计划。计划的制订要科学系统,要全面有效。技战术方面做到个人、小组、整体兼顾;体能方面要根据队员年龄特点合理地安排强度与负荷。在计划制订中要有队内教学赛和校外热身赛,保证队员的比赛时间是训练的重要环节。

四、执行训练计划

计划一旦制订就要全面严谨地执行,保证每堂训练课的质量和效果是教练员的首要工作。在训练过程中,通过正确的反复训练准确地掌握技战术,提高身体素质并能在实战中运用和发挥。善于培养运动员分析与解决问题的能力。在训练过程会出现一些客观因素对训练效果产生影响,教练员要有训练的调控和重组能力,及时对训练中出现的问题进行纠错和改进,必要的话可以改变训练内容,如果问题比较特殊不能及时解决,可以在第二天重复课时训练计划,保证完成计划后再进阶到下一个环节的练习。

五、科学指导比赛

加强对比赛的管理和科学指导。赛前要全面了解和认真分析对手的情况,制定比赛方案,确定阵容和打法,开好准备会。临场指挥要沉着、果断。赛后要进行认真总结和反思,以利再战。

六、加强训练诊断

对训练和比赛进行观察、统计和分析,对运动员和队伍的整体水平及时做出客观评价,以利于调整计划和更好地控制训练进程。做好运动员的医务监督和伤病防治工作。对训练、比赛中出现的伤害事故要查明原因并及时治疗。

七、学习提高

教练员要努力学习,刻苦钻研,不断提高业务水平。要善于运用多学科知识提高科学训练水平。及时了解足球运动发展趋势和竞赛规则变化,根据国内外先进经验,结合实际进行改革创新。要系统积累技术业务资料,认真总结经验,努力撰写论文。按照规定参加岗位培训,定期接受业务考核。及时向上级主管部门上报训练和比赛计划、总结。

第三节 教练员的基本能力

一、观察与分析能力

在训练中教练员应始终关注球队练习的进展和队员的练习状态,通过观察发现问题。如,战术配合效果出不来是哪些情况引起的,是技术不行还是意识跟不上等,根据问题分析找到解决的办法,进行训练干预,从而提高训练的效果,达到预期的目标。

二、倾听与交流能力

训练课完整流畅的进行是建立在教练员与队员之间的交流基础上的,一个教练员要学会去倾听不同的意见,包括其他教练员、队员甚至家长及其他工作人员的声音。每个人对一件事的认知是独有的,可能别人的观点和见解恰恰就是解决你面临问题的办法,所以,教练员能够很好地倾听别人的意见,虚心地和别人交流,对自己的工作将会有很大的帮助。而且顺畅地与外界交流能为自己球队营造一个良好的训练和比赛环境,这在关键的时候也能对球队起到更大的帮助作用。

三、计划与调整能力

不论干什么事情都需要有一个完整的计划,然后经过严谨的准备,在实施过程中根据情况的变化合理做出调整,达到预期的目的。在训练中也一样,教练员要根据自身的目标和任务,制订年度、学期、月、周和课时训练计划,宏观方向不变,在具体执行中要有调整能力和预备方案。年度任务的完成是依靠阶段任务的积累来实现的,所以阶段训练计划应根据球队的训练情况及时进行调整,调整不是盲目的,要有针对性才能起到调整的作用。科学系统的计划加以正确的具有针对性的调整,才能保证既定目标的实现。

四、提问与激励能力

青少年训练中会出现很多问题,如果你直接给出解决问题的办法,那么队员就会被动地学习,久而久之就会养成不动脑子的习惯,变成了教练员不说就不会踢的"僵尸"队员,这对青少年队员的发展极为不利。教练员在指导过程中如果出现体罚行为和伴有侮辱性的语言,这些"负面教育"很容易伤害到年轻队员,不利于他们的提高。教练员应采用启发式教学方法,在问题出现的时候,不是急于给出答案,而是利用提问的方法去启发队员,如在传球练习中队员传球线路单一造成失误,这个时候教练员可以问"你还能往哪个方向传?""你还看到了什么?""你有没有看到同伴来接应你?"等等,同时加以鼓励性的话语,如"相信自己""你可以的""加油!"等等,这样有利于取得更好的学练效果。

五、创造与协调能力

教练员要时刻保持学习的态度,只有领悟先进的执教理念,掌握正确的训练原则,才能干好自己的本职工作,才能培养更多的优秀运动员。教练员通过学习,发挥自己的创造力,在遵守训练原则的前提下,根据先进的足球理念开发符合自身技战术和体能实际的练习方法,这样才能够不断提高自己,提升球队。校园足球的训练离不开各方面的支持和帮助,教练员要发挥自己的协调能力,努力为球队的正常训练提供必要的环境、舆论和物质保障。

六、讲解与示范能力

青少年训练有自身的特殊性,需要教练员具备最基本的足球基本技能和知识储备,具备能够满足青少年训练所需求的讲解和示范能力。教练员要有缜密的思维逻辑能力和语言组织能力,在练习中讲解要简明易懂,会为队员节省出更多的训练时间,多一些提高技战术水平的机会。

七、管理与组织能力

教练员不仅是技战术训练的组织者,在青少年足球活动中还要起到法官、调解员、朋友、总统、律师等不同角色的作用,以应对青少年群体可能发生的任何情况,要想顺利地执行计划、完成任务、达成目标,出色的管理和组织能力是必不可少的。

八、总结与反思能力

教练是工作,是一些人为之奋斗一生的职业,要想不停地攀登新的高度,达到更高的目标,就要学会反思和总结。每件事、每个过程、每节课进行完都要反思,看哪里有不足,哪里还需要提高,如果那样做会不会更好,如果器材多一组效果是不是更佳等等。总结自己的言行举止,反思自己的组织过程,都是经验的积累和智慧的结晶,都是攀登更高峰的动力和能量,所以,一个优秀的教练员必须学会反思和总结。

 教练员在训练中考虑的因素

一、课时训练的执行环节

每一个课时训练的执行可分为计划—准备—执行—评估四个环节。

1. 计划

所有的教练员活动都应该事先规划好,以保证活动安全有效地进行。在计划中要考虑参加队员的性别、年龄与能力,活动的场地(大、小,室内、室外),参与的教练人员(助理、体能、守门员教练等),需要的设备(球及相关器材),训练时间,活动规则,参与活动人中有没有特殊需求的队员(伤病恢复训练等队员)。

2. 准备

每节训练开始前教练员都要进行全面的必要的准备工作,这是顺利完成一节

训练课的基本保障。准备工作包括：参加训练队员全部到位，装备整齐统一，符合训练要求；活动场地安全没有隐患，所有器材到位且安全实用；后勤保障充足，有必要的医疗保护措施；能保证队员饮水和休息。

3. 执行

教练员在训练中执行计划的能力直接决定了训练计划能不能达到预期的效果，很多教练员在执行计划过程中，只是单纯地看队员能不能完成计划内的任务，对队员的学习过程中出现的问题不够重视，在组织教法上不够严谨，在训练过程中不能及时纠错解决问题，这些都是影响训练效果的主要原因。一名合格的教练员在执行计划的时候，需要提前进行严谨的组织安排，包括人员参与、场地布置等，训练开始时能够给队员做出正确的示范和简洁易懂的讲解，并在练习过程去观察队员训练的效果，发现问题进行指导，根据观察分析，选择纠错指导的方法，在指导过程中积极听取队员的反馈及很好地进行交流，只有做到了这些训练才能有保障。

4. 评估

一个科学合理、系统有效的评估是对过去计划的总结，也是对一个新计划的准备和积累。不管什么样的训练课，结束之后都需要进行评估，从计划的执行情况、队员的参与情况、练习的积极性方面、场地器材是否符合训练要求、队员课后的信息反馈包括家长的反馈信息都可以成为下一次训练的参考依据。评估可以从以下几个情况入手：训练目标是否实现；每次训练完记录队员的情况，以备参考；记录大家喜欢的和进展顺利的练习；可以找队员聊天谈心，了解他们对训练的看法，及时收集反馈信息；发现问题解决了没有，如何解决的，也要记录下来，为以后的训练积累经验。

二、教练员如何提高训练质量

足球训练是一个渐进的过程，确定明确的训练主题，选择合理的训练方法，安排适宜的运动负荷，是提高训练质量的基本要求。在训练活动的渐进过程中，教练员一定要考虑活动的进阶性，以促使队员不断发展进步，长久保持练习动机、维持练习兴趣。教练员在练习中时刻让队员都有被挑战的感觉，并且适时地调整活动的空间、变换目标、变化练习方法及提高行为要求，都可以让队员获得更大的挑战

感,这样队员就能获得更大的成就感。高质量的训练需要注意以下几点:

1. 让队员通过训练空间学会观察

让队员要有场地和区域的概念,知道球什么时候出界,什么时候进球,明白自己的练习位置和区域。小区域练习观察和瞄准更容易,扩大区域可以提高观察和准确性。同时在练习中可以设置大小不一的目标,也能达到提高观察的目的。

2. 在训练中要做到区别对待,让不同水平的队员都能参加练习

在训练中,对不同水平的队员要做到区别对待,比如,在跑动练习中,能力差的可以少跑或者提前跑、中途跑都可以,不能因为差就不让参与,这对青少年心理会造成影响。有些伤病队员恢复训练需要积极地进行,要制定运动处方,但是练习区域不能和健康队员一起,要有专属训练区域。

3. 训练任务目标的设置

在训练计划中要明确训练目标和要完成的任务,在训练开始时要让队员明确知道自己要完成的目标和任务,根据队员水平可以设置多个目标和任务。如主题是脚内侧传球,那么可以设置的目标可以是初步掌握技术动作,也可以设置成能够熟练运用脚内侧踢球技术等。还有,在练习过程中一个练习方法可以用不同规则和要求,从而适用不同水平的队员。在具体练习中要设置单项的练习目标,如左右脚交替进行练习、规则调整、改变得分方式等,这些都属于目标任务的设置,一些是练习主题目标,一些是练习方法的任务目标,需要教练员合理制定才能提高队员的水平。

4. 训练器材的合理使用

大多数的训练主题和任务都离不开器材的使用,一些教练员不能合理使用器材造成了训练质量不高,严重的会对队员造成练习恐惧症,对队员的发展极为不利。年龄段的不同,使用的球也需要慎重选择,如,幼儿园阶段可以选择气球进行踢球的引导练习,13岁以前不能练习头球,但是也可以选择气球让适龄队员练习顶球的动作练习。大小球的选择要严格按照年龄需求来做。还有一些标志盘、标志桶、栏架、敏捷圈等的训练器材都需要合理使用,要本着安全第一、简单实用原则来使用,合理规矩地使用训练器材是对教练员考评的一个重要条件。

5. 训练人数与练习要求

在训练中一定要让队员知道对手、队友和球门,所以说在技术练习中要注意人数的安排,减少个人训练时间,从两个人的练习开始,1 对 1 练习认识对手,2 人传接球认识队友,3 人以上的练习可以认识队友和对手,同时适应实战场景。人数的不同可以体现不同的练习目标,在练习中要求对抗和防守,通过强度的变化也能让队员感受比赛、认识比赛。还可以通过分组让队员体验实力上差距,和较强的队员一组能找到成就喜悦感,和较差的队员一组还得经受失败和挫折,这也是让队员认识比赛、适应比赛的重要练习手段。一名优秀的教练员是可以在练习中随时做出变化的,不过这些变化都应该围绕着怎么样提高队员水平与能力来进行。

6. 练习的节奏与负荷强度的变化

要提高队员运动能力或成绩,在日常训练中必须要保证一定的运动强度,也即必须要对机体产生一定的应激刺激。当今,足球比赛日趋激烈,要求训练中的负荷强度也越来越大。但是,强度不是越大越好,超过运动员承受能力的强度会损害身体健康和影响运动成绩的提高。因此,科学评定运动训练中的强度是运动训练的一个关键环节。在足球训练中,除了保证一定的训练强度,也必须要有一定的负荷量,才能保证训练效果的持续性,但负荷量均必须是适宜的。如果太少,效果不佳或没有效果;如果负荷太大,则易产生运动性疲劳或损害身体健康,因此,科学评定负荷量是十分重要的。练习速度改变可以直接刺激身体各器官和身体机能,同时足球比赛中跑动也是一种高强度的变速、变向跑,所以在练习中通过跑动节奏的变化不仅能提高队员身体素质,还能提高队员的实战跑动能力,如果加入竞争和对抗,效果更好。

三、教练员在训练中应注意的问题

对于教练员来说,重要的是不要直接给队员解决问题的答案,而是通过语言、方法和引导来启发队员找寻答案和解决问题的办法,并且鼓励队员敢于尝试、大胆交流,这样才能使队员得到真正的提高。

（一）教练员容易犯的错误

1. 在训练开始阶段过多的讲解

这样做直接人为地缩短了队员的练习时间，而且青少年运动员尤其是小学阶段的队员理解能力不够，教练员的讲解会变成无用功。

2. 没有任何意义的无球训练

青少年的训练动机和训练兴趣直接影响到训练效果，盲目的无球训练会大大降低队员的训练动机和兴趣。

3. 训练前没有明确练习主题

有些教练员没有训练计划，想到哪练到哪，训练没有进阶性更没有一致性和连续性，这对青少年运动技能的发展极为不利。

4. 观察、分析比赛能力不够，发现不了问题

训练是为了解决比赛中出现的问题，而教练员由于能力问题不能发现在比赛中出现的问题，就不能在训练中解决真实存在的问题，这样的球队是很难得到提高的。

5. 练习方法太过复杂

练习方法太过复杂，给自己的指导制造难度。练习方法要简练易行，便于操作和指导，有些教练员误以为困难的练习方法才能有效果，结果在练习过程中组织混乱甚至不能完成练习，教练员在指导过程中不少费力，但是训练却不能达到预期效果。

6. 在训练中过多地叫停

有些教练员在训练过程中"热衷"于指导，不管出现的错误是个体的还是普遍存在的，一经发现马上叫停，然后就开始"详细"地进行指导，在指导过程中队员的练习动力出现下降，训练效果可想而知，叫停后长时间的讲解和指导是影响训练效果的又一"杀手级"问题。

7. 训练结束后，总结时间长

训练结束后不能让队员进行很好的整理与恢复，而是把这些时间用在点评上，训练的疲劳会降低学生的脑力活动能力,而且点评完了又不能及时地复盘练习,只是把一些错误的问题通过点评留在了队员的脑子里,这对第二天的训练是有百害而无一利的。

(二)教练员的指导要领

1. 开阔思路

作为教练员要不断地学习先进的训练理念,要及时了解关于青少年训练的先进理论知识和切实有效的训练方法。通过培训班、网络、视频等手段,结合自己球队的情况融会贯通,找到或自己设计适合自己的训练方法。肯于思考、勤于学习的教练才有可能成为优秀的教练员。

2. 指导耐心,态度温和

青少年队员心理和思想都在成熟过程中,出现问题是正常的,教练员要耐心地指导纠正,不能因为失去耐心而选择粗暴简单的方法去指导,那样只会让队员更加恐惧训练。出现问题的时候教练员要有陪同队员渡过难关的意识,细心引导队员找到解决问题的办法,同时培养队员提高抗挫折的能力。

3. 明确训练和比赛的关系

训练多设计比赛的方法,在比赛中发现问题,进行指导练习,再回归与比赛进行检验。青少年心理特点表现在好胜心强、竞争欲望强烈,通过比赛可以保持训练的兴奋度和练习动机与兴趣,并且通过比赛可以发现队员技战术以及身体机能的不足,然后进行针对性指导,帮助他们提高,练习后再回归比赛去检验练习效果,以此为良性循环进行练习,对队员的帮助和提高是非常有效的。

4. 树立正确的练习标准

青少年训练模仿能力强,教练员的正确示范能起到事半功倍的效果。同时,不仅在练习上给队员树立正确的榜样,在意志品质上也可以树立标准,通过练习不仅提高基本的技战术水平,也能对队员的意志品质加以锻炼提高。

（三）教练员的指导要求

1. 教练员的形象

外表形象很重要，时刻记住教练员是学生的榜样，穿着要像教练员，运动衣、球鞋、哨子、秒表和战术板都应该随身携带。执教态度要端正，脾气温和，有耐心。还要在训练中学会鼓励队员，帮助队员克服困难，引导队员找寻解决问题的办法。

2. 组织方面

在练习中要会使用教具，通过战术板明确练习主题和完成任务的目标。对于场地、器材和人员组织分配等方面的设计和布置要准备严谨并有备选方案。练习过程中在安全进行的基础上设计的练习要具有真实性，要符合实战的场景。在练习过程中发现组织方法不能达到练习要求，要有短时间内完成练习方法重组的能力。

3. 观察与指导能力

在练习中能辨别出问题的出现，进行指导时能及时地决策是要叫停集体纠错还是个体纠正。发现问题能及时甄别是什么样的问题，是技术、战术、思维还是体能，较好的甄别问题种类是解决问题的前提。在练习中队员存在着个体差异，同一个练习根据队员能力不同和个体需要进行调整也是教练员应该考虑的问题。

4. 沟通交流

在练习前沟通交流便于执行训练计划，练习中沟通交流有利于进行指导和纠错，练习后的沟通与交流是为下次的训练打基础，所以较好的沟通能力是保证训练质量的辅助条件，也是每个教练员应该具备的基本条件之一。

第五节　教练员如何指导一场比赛

比赛是检验训练效果的重要途径，足球比赛既是双方队员竞技能力的对抗，也是双方教练员指挥艺术的较量。比赛中双方队员在力争打出自己风格和水平、竭力制约对方特长发挥的抗衡过程中,教练员临场比赛的指导往往起着扭转乾坤的重大作用。要想组织与指挥好足球比赛应做好以下几方面的工作:赛前准备、临场指导与赛后总结。

一、赛前准备

赛前准备是教练员在赛前作出精心筹划,制定出正确、合理、有效的运用比赛的战术方案。赛前准备是否充分会直接影响到本队的比赛成绩。而制定战术方案均直接取决于对对手的了解和对对手比赛情况的了解与分析。因此,教练员必须在赛前对影响本队比赛的所有因素进行全面分析和了解,尽可能利用一切有利的因素,从思想上、身体上、技战术上把全队积极调动起来,为迎接比赛打造一个良好基础。赛前准备工作主要有以下几点。

(一) 深入全面细致地了解情况

1. 深入了解比赛对手情况

不管参加任何级别的比赛,教练员都要善于利用各种条件进行了解各参赛对手,经过分析、研究,制定出合乎实际的作战方案,使全队做到心中有数,打出自己的水平。

2. 要研究竞赛规程和了解比赛环境

教练员要对日程具体安排、比赛时间、场地情况、替补人数的规定等因素进行认真分析,对本队有哪些不利因素要有一个初步的认识。

3. 了解本队赛前状况

教练员要随时注意本队的思想动向和竞技状况,及时了解本队的伤病、停赛情况,对本队的技战术进行全面细致的分析。在与队员的赛前交流中必须让其能够实际表达自己的思想、意愿、观点和感受。其次,彼此信任关系的建立和发展是需要时间的,能开诚布公很重要,要从年龄最小的队员开始培养、建立、实践这种开诚布公的态度。

4. 仔细分析对手,认真研究对策

"知己知彼,百战不殆",教练员要在赛前全面细致地了解对手。对对手的情况收集越全面、越准确,对本队决策战术意识就越丰富,越有效。要根据双方的实力情况,制定出具体可行的对策,随时应付比赛场上多变复杂的局面。

5. 要实事求是,从实际出发

教练员要对对手的比赛现场进行观察,了解对手实力的强弱情况,做到心中有数,应从事实出发,充分估计彼此的实力,在认真仔细地分析双方竞技能力强弱的基础上,制定符合本队比赛的实际指导思想、谋略对策与作战方案。

6. 认真客观地分析强弱关系

强弱关系具有辩证性,在足球竞赛过程中反映更为明显。任何一支强队都存在一定的弱点,任何一支弱队也都有自己的强处。因此,在足球比赛中如果遇到强队时,教练员要避其实攻其虚,形成强弱转化,达到以弱胜强的目的。而在比赛中如遇到弱队时,教练员则要找其长处,攻其短处,不要麻痹大意。

7. 扬长避短,有备而战

教练员要认真研究对手的技战术特点和打法,找出对手不足之处。认真分析本队的优势在哪里,利用自己的优势攻其对手不足之处。在比赛中要充分预计可能会出现的各种问题,并制定出解决各种问题的对策。增强队员战胜各种困难的信心,做到有备而战。

(二)赛前针对性训练

为适应本队的作战方案和对手的风格特点,应找一些类似于对手的技战术风格特点的队伍进行友谊比赛,使运动员真正掌握克敌制胜的战斗本领,对于小队员要经常激励,激励队员的最好方法是提供适合不同年龄队员的有吸引力的训练,只依靠个人天分的训练是不够的。作为一名尽职的教练员必须要花费时间提前制订训练计划,在战略战术上做好准备。

1. 训练量的调整

在赛前的训练强度不宜过大,但必须保持一定的训练量,使队员的机体能适应激烈的比赛强度。在接近比赛时,应根据队员的长期训练的习惯或临时情况变化酌情掌握。

2. 特殊队员训练

特殊队员要进行特殊训练，如遇到强队时，后卫队员则要多进行防守阵型的配合与补位练习，使队员在比赛时减少失误。

3. 心态的调整

调整好比赛前的心理状态，在比赛之前控制好队员的饮食和休息，排除外界的干扰因素。

（三）开好赛前准备会

准备会是进行赛前思想动员、振奋精神、统一认识、明确打法、布置战术的一种赛前准备方式，要做好充分细致的准备，传递出简单清晰的信息，具体内容与要求如下。

1. 做好思想动员与心理准备

教练员要根据不同的对手进行不同的动员，做好心理准备，使队员放下心理包袱，树立信心，全身心地投入到比赛中去。教练员的职责随着队员年龄的不同而有所差异。对于年龄最小的组，要在比赛前、比赛中用容易被他们理解的语言来指点有困惑的儿童。教练员必须要有耐心，时刻准备回答他们的很多问题并提供帮助。辅导时切记"黄金定律"：表扬，表扬，再表扬，所有信息必须是积极的方面。

2. 对比赛环境的预估

对于本队处于的比赛环境要有一个明确的认识，教练员要针对比赛的场地、天气有一个客观的预估，以做针对性的时间安排和战术安排。

3. 双方实力的介绍与分析

教练员要分析对手的技战术打法和特点，进行双方实力的对比和比赛形势的预测。根据不同的对手的攻守特点，启用不同的队员上场，进行不同的力量搭配。教练员在比赛前要交代清楚队员在攻守中的位置职责以及和同伴的配合要求，使上场队员都非常清楚和明确自己在场上的主要职责和任务，这样才能充分发挥场上所有队员的竞争能力。

4. 技战术的布置与安排

在明确比赛作战方案的前提下，宣布战术打法，交代战术重点与比赛细节，布置攻防任务与职责,确定定位球主罚队员人选与战术安排,确定做准备活动的时间,对核心队员提出要求以及提出替补队员的要求等。

5. 宣布首发阵容队员名单和替补队员名单

教练员要根据教练组的讨论确定后,才能宣布首发队员名单和替补队员名单。

6. 对特殊情况的准备

如果在本队先得分或先失球、队员被罚下或核心队员意外受伤等异常情况下,教练员要随时进行调整本队的战术打法和比赛阵型。

7. 赛前准备会的具体要求

(1) 让全体队员放下心理包袱,树立争胜信心,全身心打好比赛。

(2) 教练员在赛前动员会上,必须要有生动的说服力和感染力,才能调动全体队员的积极性和自觉性。

(3) 准备会应简练、明确,明间不宜过长,一般一小时为宜。准备会不宜召开过早,一般在比赛前 8~10 小时为宜。

(4) 关于下一场比赛的战术打法,教练员必须先经广泛讨论和听取有关人员意见后,决策后再在准备会上宣布。

二、临场指导

足球运动具有对抗激烈、变化莫测等特点,加上竞赛规则中没有暂停、换人人数有限,因此足球比赛的临场指挥有一定的难度。但好的教练员可以和自己的团队在一场势均力敌甚至整体实力稍处下风的比赛中常能"起死回生"或"爆冷取胜",足见教练员临场"斗智"是何等的重要。

(一) 冷静观察比赛情况

只有冷静地观察才能及时发现问题,从而果断采取措施,调整作战方案。临场观察的要点应该是:

(1) 对方场上情况与准备会介绍的情况一致与否,这主要体现在对方阵形、人员的安排;对方基本打法是层层推进,还是防守反击;每条线攻防特点,尤其是组织进攻的特点、防守漏洞、重点人物的情况等。

(2) 本队赛前布置的攻、防战术是否奏效，整体攻守的位置、距离保持如何，尤其作为攻防枢纽的中场是否得力，还有本队队员情绪、信心、体力是否稳定，有否失常的队员等。

(3) 观察时应聚精会神观看全场比赛，对上、下半时的两个开头和整场比赛结束前，双方进、失球、换人之后，应是重点观察的时间段。

(4) 教练员对场上的洞察应冷静客观，从球队整体利益出发，场上队员的个人情况绝对不能影响到教练员对比赛的判断。

(二) 赛中指挥与调整

通过观察发现了问题、特别是关系到胜负的重大问题时，教练员应果断决策，及时调整，不能优柔寡断，错失战机。如果本队比赛中处于全面被动或比分落后，应力争通过调整、变换阵形或改变攻、守战术等方法扭转不利局面。临场调整的方式有以下几种。

1. 换人

足球比赛换人有限，所以必须慎重，看准时机果断换人。对替补上场的队员应明确交代任务，做好心理与身体的准备，一旦上场即进入状态。

下列这些情况应该换人：

(1) 整体不如对方，我方被动，需改变战术打法时。

(2) 我方失误频频，已经整体配合明显失常的队员。

(3) 队员受重伤或体力不佳的队员。

(4) 为单人防守对方核心人物，换上体力好拼抢能力强的队员。

(5) 本方队员场上赛风不好，如故意报复踢人的队员。

(6) 比赛时间不多，根据战术需要在确保取胜的前提下换上年轻队员达到锻炼新人的目的。还有一种情况本队领先、赛时所剩无几，通过换人达到延误时间、调整队员体力、情绪，破坏对方进攻节奏的目的。

(7) 罚球点球决胜负前，换上善于罚球点球的队员。

2. 临场指挥

比赛中除了通过换人达到调整打法的目的外，教练员还可以利用指挥席用事先规定好的简明手势或简单语言传达意图。这可通过队长或临近指挥席的队员进行。当场上出现伤号而暂停比赛时，也是教练员传达战术变化的大好时机。

3. 中场指导

上半时还剩最后几分钟时，教练员就要将中场休息时要讲的意见归纳成几点准备好，做一个清晰智慧的中场指导。休息时让队员定下神来再讲。先简要总结上半时比赛。

（1）教练员必须先有对场上形势的分析和总结，其次检查队员的状态，是否有伤病或者体力不支的队员，聆听队员之间的交谈，做一个客观的判断，一般应肯定成绩，鼓励为主，增添小队员的信心。对不足的地方扼要指出，要用容易被他们理解的语言来指点有困惑的队员，并提出解决办法和要求。

（2）总结内容有思想作风、技战术方面，如双方场上发挥的情况，分析双方攻、守长短；对上半场存在的问题要即时指出，做好下半场的对策信息。如上半时领先应注意下半时扩大战果，同时要注意对方会大力反扑。若上半时已输球则多鼓励队员全力扳回。在相持局面下对困难情况做好准备。

（3）要提醒队员服从裁判，关键要害区域不要无谓犯规。这些均是中场休息时教练员指导的要点。给队员们提供时间空间让他们自己找到解决问题的方法只是一个方面，每个有责任感的教练都会为自己管理的队员提供指导，培养队员积极的个人品质。

（4）上场前对队员的再次激励，充分相信队员，教练员的信心和激情要充分带动队员，对个别队员的简单交流、对紧张队员的心理放松指导都是对下半场比赛良好进行的有力方式。

三、赛后总结

比赛只是检验训练的一种形式，比赛的输赢在教练员的心理上要有一个客观理智的认知，因为比赛已经结束，整个球队不能因为一场胜利而沾沾自喜，也不能因为一场失利就一蹶不振，这种信息要积极良好地传递到每个队员的耳朵里，用一个平常心去迎接下一场战斗。比赛结束后，教练员应给予大家充分的休息空间和时间，让队员的心理得到一个缓冲，要有一些食物的补充、水的补充，等等。之后做一些负荷量小的放松活动,让队员的身体得到放松。

比赛后不管取胜还是落败,都会获得宝贵的临场经验。在这方面教练员要沉得住气,不要影响队员情绪,要创造良好的正确对待胜负氛围。通过认真仔细的赛后总结,才能有利于队伍的管理,有利于今后训练,进而促进队伍比赛能力的提高。

1. 总结内容

总结可以完成对比赛情况好坏的评估,总结也能找出胜败的具体原因。可用全面总结或专题总结,也可按全队、各位置、个人技术、战术、打法、意识、身体素质等方面进行总结。

2. 总结形式

根据具体情况和实际需要,可先集体总结,再按位置或个人小结;也可先按个人、位置小结,再全队总结。可由教练员先总结,然后队员讨论、补充,或队员先小结,再教练归纳总结。总之通过总结达到统一全队思想认识。

3. 总结应注意的问题

总结应实事求是,赢球找原因,输球找教训。优点要讲够,缺点也要讲透。应坚持正面教育为主,表扬为主,对表现好的队员应肯定,对个别表现不好的队员通过个别谈心进行说服,以鼓励小队员为主。通过总结达到严肃队风、队纪,以利于调动全队积极性,促进今后队伍的管理和训练。

四、对小学生指导的注意事项

小学生正是处于学习和模仿的阶段,教练员必须要严格要求自己,以身作则,做队员的榜样,不断提高自己的思想觉悟和师德修养水平。小队员对教练员的一言一行往往都要学习、模仿,他们对教练员的热情教诲是乐于接受的。凡是要求队员做到的,教练员必须首先做到,并且以自己对工作的热情和认真负责的态度去影响队员。因此,教练员对队员的指导应该体现在以下五个层面上:

体能方面:根据儿童的生理发育特点,全面发展学生的身体素质,切忌为了提高成绩而片面加大训练时的负荷量度。

技能方面:根据少年儿童的心理特点和技术动作形成的规律,要多以启发诱导和直观教学、坚持精讲多练、少讲多踢为原则。训练中主要是基本技术的学习和掌握战术方面,在训练和比赛过程中,教练员的讲解要生动,尽可能用形象的语言。教练员的讲解要具有直观性,明确告诉队员场上所要执行的任务。训练中可根据实际情况简单地布置一些二过一战术。

心理方面:教练员尽可能在训练比赛过程中多用"好"、"你能行的"、"好球"、"不怕"、"勇敢些"等鼓励性的语言。

运动智能:小学生的足球训练和比赛是培养足球运动员的基础,教练员要以全面发展、培养队员对运动酷爱的情感、提高他们的身体素质的同时,要兼顾学习任务,把学习和训练相结合。

除此之外,教练员为了更好地调动和巩固队员训练的自觉性和积极性,还必须加强与班主任、任课老师和家长联系,取得他们的支持和帮助。例如,可采用电话、访问、谈话、用微信交流等方式在训练与比赛期间与家长交换情况,互相配合,共同做好学生的思想教育工作。在赛前和家长沟通,明确时间,提醒队员球衣球鞋等装备,带好比赛中所需要即时补充的食物和水等;赛中使队员感觉到教练员不但教会他们踢球,还去关心他们的起居生活、学习情况及为人处世的道理,时时在身边督促和鼓励他们,并且和他们打成一片。

五、对中学生指导的注意事项

区别于小学生队员,中学生在场上的思考已经具有一定的理解能力和一定的逻辑思维能力,自然而然对于中学生的要求也会提高。所以教练员应该在体能、技能、战术能力、心理能力、运动智能方面提出更高的要求。

体能方面:根据队员的身体发育特点,可以适当加大训练负荷强度,注意恢复措施。

技能方面:这一阶段主要是强化队员的基本技术动作,提高队员在实战中应用的能力,并同时发展队员的特长技术。

战术方面:在训练中加入初级基本足球理论课的学习,观看电视直播、录像并给予一定的讲解等。加强中学生队员观察能力训练,提高其判断能力。队员观察力的发展与提高制约着技战术的合理发挥与应用。在训练中应该加强学生战术意识,强化战术训练内容。

心理方面:这一阶段队员经过一段时间的训练,在训练或比赛中容易受到其他因素干扰,教练员应注意加强队员的思想政治教育,多和队员沟通,发现问题及时处理。对于队员的认识和使用,要保证每个队员在教练员的头脑中都有一个特殊的位置。中学生正处于叛逆期,每个队员参加比赛都需要得到一种认可和尊重,作为教练员要平衡处理好这种关系。

运动智能:在中学阶段,队员的理解能力逐渐提高,为了使队员能够全面发展,应该在训练和比赛的同时加强他们的学习能力培养。

特别需要教练员注意的是,在比赛期间,要给队员明确时间观念,包括队员自己所需的衣物、装备、证件等,培养时间观念;要强调训练纪律、比赛纪律等,培养纪律意识;对于赛前的准备要充分调动队员的自觉性和积极性。

第八章　队员的选材及球队的组建

本章提要：本章从运动员选材的概念入手，介绍足球运动员选材的基本规律、原则，足球运动员选材常用的身体指标和测评办法以及组队的原则与方法，并给出一例学校业余足球队组建的案例供参考。

 队员的选材

一、足球运动员选材的意义

选材是组织运动训练的起始任务，也是培养优秀运动员的重要基础。在进行全面深入的选材工作上，应该针对不同年龄、不同水平的足球运动员建立一套分级、多层、连续性结构的科学选材理论体系，使选材与运动训练紧密联系，贯穿始终，使选材形成连续性和系列化的一种工作。

科学、正确的选材工作应深刻认识和把握足球项目自身的特点和规律，能够通过科学的选材指标来进行选材工作。足球是一项以技战术主导同场对抗的运动项目，常用的生理和形态学的选材学指标难以使选材工作做到非常全面，有时往往需要心理学等其他的选材指标作为选材的重要参考。因此，足球运动员的选材工作需要科学地以系列选材学指标作为参考，同时也需要选材工作者不拘泥于这些指标。

二、足球运动员选材的原则

人们在运动训练活动中的选材工作所遵循的基本准则称为运动员的选材原则。运动员的选材原则对于选材的方式和方法予以指导和规范，帮助人们在选材工作中如何操作和能够选出优秀的运动员。

1. 广泛性原则

广泛普查在选材的初级阶段尤为重要，而重点的测试是在此基础上进行的。在对于青少年足球运动员进行选材的时候，需要在大规模的青少年人群中收集大量的相关数据，进而可以在大数据平台的基础上，筛选出天赋较好的足球苗子。

2. 实效性原则

在做大量的基础的调查之前，需要提前计划出最有效的行动方案，能够更顺利地开展下一步的实地调查和收集数据。简言之，就是要求选材的内容、方法手段、指标体系对足球运动的主要影响因素具有针对性和有效性，否则就会造成选材工作的不完善，甚至出现错误。

3. 可靠性原则

可靠性原则是指在选材的过程中，选材所用的测量工具以及测试方法应该是在一个统一的标准线下进行的，并且在进行数据的收集和整理分析的过程中，需要保持数据的真实性，为选材打下可靠的基础。

4. 多因素综合分析原则

运动员选材是一项较为复杂的工作，会受到多种因素的影响，需要对各种影响因素进行整体评价。运动员的运动能力主要受到两个方面的影响：一是先天遗传，二是后天的影响。在选材的开始阶段，应着重测评运动员的先天运动能力因素，随着选材层次的逐步提高，就需进一步考虑后天因素对运动员所产生的影响。总之，选材工作不是一次就可以完成的，需要考虑多方面的因素，综合分析。

5. 多方法综合应用原则

该原则是指在进行运动员选材工作时应采用多种方式方法对运动员进行综合测评的选材原则。目前多用经验法、追溯法、科学化法来进行选材工作。经验选材一般是由教练员通过自己多年的实践经验,在进行运动员选拔时进行主观评价。很多优秀的运动员的成功在最初正是通过教练员的经验选拔出来的,但是经验选拔不能代替科学选材。只有将两者结合,理论和实践相结合,才能使今后的选材工作更加合理。

6. 当前测评与预测未来相结合原则

选材的目的不是为了淘汰一些初始程度不好的运动员,选材只是评价运动员的一种手段,通过选材选拔出天赋好的运动员,把这些运动员送到更高水平的训练队进行训练,然后再次选材,直到达到期望的目标。所以选材工作只是一个过程,不能仅凭一次测试就评定运动员的整个运动生涯。

7. 经济性原则

在进行运动员选材时,需要优化选材方案,设计出简易且有效的选材计划,尽可能在选材工作中减少费用的支出和人员、时间的投入,以增加科学选材的经济效益。

三、足球运动员常用的选材学指标的分类及测量评价方法

(一)足球项目选材学指标的分类

足球项目是技战术主导同场对抗型的竞技项目,在选材时涉及因素较多,从选材学的角度看主要可以根据以下 5 种选材学指标及评价方法:(1)身体发育指标及测量评价标准;(2)生理学指标及测量评价标准;(3)技战术能力指标及评价标准;(4)心理学指标及评价标准;(5)社会学指标及评价标准。通过这 5 种选材标准对运动员进行科学、合理的选材考察,进而选出大量有运动天赋的运动员,再通过多年的运动训练活动,最终培养出优秀的足球运动员。

(二)常用的选材测量评价方法

在以上 5 种选材的方法中,从广泛性和实用性的选材原则考虑,目前比较常用的选材学评价标准主要是前四种指标。

1. 身体发育指标及测量评价标准

现代足球的发展趋势需要队员具备良好的身体素质,不同年龄段的身体训练要区别对待,合理地选择练习项目对全面提高身体素质有着重要的意义(表8-1-1)。

表8-1-1 身体素质等级评价表

年龄	评价	30米	三角形跑	25米折返	20米绕杆	12分钟跑	立定跳远	直立摸高	仰卧起坐
9～10	优	5″	7″6		6″8		1.80	15	50
	良	5″2	7″9		7″1		1.60	12	42
	中	5″4	8″1		7″3		1.50	9	35
	及	5″7	8″4		7″6		1.35	5	28
12	优	4″7	7″4		6″6		2.04	17	58
	良	4″9	7″6		6″8		1.90	14	50
	中	5″1	7″8		7″		1.75	11	43
	及	5″4	8″1		7″3		1.60	7	35
15	优	4″25		32″	5″5	3280	2.50	20	60
	良	4″35		33″	5″8	3100	2.35	15	52
	中	4″5		34″	6″0	3000	2.20	12	45
	及	4″65		35″5	6″3	2850	2.10	9	39
单位			秒			米		厘米	次

2. 生理学指标及测量评价标准

生理学的选材指标主要包括最大摄氧量、肺活量、心率、台阶指数等。主要是评价运动员的心肺功能能力,其测量评价标准如下:

(1)最大摄氧量测量方法

直接测量法:受试者在规定时间内完成强度递增运动,可以导致通气量及吸入气和呼出气中氧气和二氧化碳浓度的进行性增加。通过与受试者呼吸面罩相连的气体分析仪及电脑计算,当继续增加运动强度而摄氧量不再增加即出现摄氧量稳态时,此时被认为是最大摄氧量。

间接测量法:Cooper 实验通过全力 12 分钟跑的运动距离推算最大摄氧量。

公式:最大摄氧量=(跑动距离-505)/45。

(2) 肺活量评价方法及标准

肺活量的测量方法主要通过测量仪来进行测量,其评价标准可参照表 8-1-2。

表 8-1-2　肺活量标准评价表

年龄标准等级	9～10 岁	12 岁	15 岁
优秀	2350	2700	3200
良好	2000	2400	2800
中	1800	2100	2400
及格	1500	1800	2100

(3) 心率的测量评价方法及标准

心率的测量主要分三种,安静时的心率、运动中心率和运动后的心率。生理学研究表明,心脏搏动速率与人体代谢水平有关。在正常的生理状态下,心率与脉搏是一致的,所以可以用脉搏来监测运动员的状态,心率也可以作为选材的指标之一。

心率的测量方法主要有脉搏触摸法、听诊法、心率遥测法、心电图记录法四种。在学校体育中常用的是触摸法,在职业运动队则一般采用遥测心率法。以下是一些简单的测量方法及评价标准。

安静时心率的测量:脉搏触摸法建议采用自己测试的方法。自己测试时,屈肘,双手交叉叠于胸前,掌心朝上,被测手在上,握住秒表,测试手在下,用食指、中指、无名指的指腹扣押在被测量手的桡动脉处。一般不建议测量颈动脉,因为按压力量如果过大,可能会造成减压反射,导致测量结果不准确。一般测量出 10 秒或者 30 秒的脉搏,然后换算成 1 分钟的脉搏记录。评价指标见表 8-1-3。

表 8-1-3　基础心率波动差值评价表

等级	周基础心率均值	周基础心率波动值
优	55	1～3
良	65	4～6
中	75	7～9
下	85	10～12
差	90	13 以上

运动中心率的测量:主要分为两种,一种是利用简易的测量仪器(功率自行车和跑台),另一种是POLAR表心率遥测。在定量负荷中,运动中心率较安静时心率增加不多,机能较好(表8-1-4)。

表8-1-4　心率与运动强度的关系

运动强度	心率(次/min)	
	男	女
低强度	130以下	135以下
中强度	131～155	136～160
大强度	156～175	161～180
亚极限强度	176～185	180以上
极限强度	186～220	181～220

运动后心率的测量:运动后的心率测量分为运动后即刻心率的测量和恢复期心率的测量。运动后即刻心率与运动中的心率十分接近,通常用它来代表运动中的心率。运动后恢复期的心率测量由几次测量组成,反映心率恢复到运动前状态所需要的时间。一般来说,恢复期心率下降的速率越快,恢复时间越短,心血管机能越好(表8-1-5)。

表8-1-5　运动后心率潜力的评价表

评价等级	心率潜力(次/min)
优	50
良	30～49
中	20～29
下	10～19
差	0～9

3. 技战术能力指标及评价标准

足球运动的技战术能力指标主要包括颠球、运球、踢远、传接球、运球射门、带控对抗、堵抢对抗、守门员技术、个人战术、基础配合等。根据比赛场上可能会出现的形式制定以下测试评价标准(表8-1-6)。

表 8-1-6　10～12岁少年儿童竞技能力评定标准

测试项目	10岁儿童			11岁儿童			12岁儿童		
	好	中	差	好	中	差	好	中	差
30米跑（秒）	5.3～5.5	5.6～5.8	5.9～6.1	5.0～5.2	5.3～5.6	5.7～5.9	5.0～5.2	5.3～5.5	5.6～5.8
立定跳高（厘米）	34～31	30～26	25～22	36～33	32～28	27～24	40～37	36～31	30～27
颠球（个）	41～60	21～40	20以下	51～70	31～50	30以下	61～80	41～60	40以下
踢远（米）	22～20	19～16	15～13	26～23	22～18	17～15	28～26	25～22	21～19
绕杆射门（秒）	10.6～11.2	11.3～13.3	13.4～15.0	8.7～10.7	10.8～12.3	12.4～13.8	8.0～8.9	9.0～10.9	11.0～12.0
300米跑（秒）	67～72	73～79	80～85	64～67.5	68～71	71.6～74	57～60	61～65	66～69
比赛能力（分）	8～10	5～7	4以下	8～10	5～7	4以下	8～10	5～7	4以下

4. 心理学指标及评价标准

根据足球项目特点以及青少年身心发展特点，发现动机、意志品质、注意力广度、焦虑控制、自信心五个维度能够准确地反映出青少年男子足球运动员专项心理能力指标。这五个内容能够反映出青少年男子足球运动员专项心理能力状况，为今后的运动员专项心理能力评价、选材以及心理训练提供理论依据和指导。

第二节　球队组建应考虑的因素

随着校园足球活动的开展，足球在学校中有着良好的学生基础，足球运动氛围也日渐浓厚，受到师生的普遍欢迎。学校足球队的建设对我国足球运动的后备人才的培养有一定的推动作用。因此组建学校业余足球队是一件艰巨又具有挑战性的工作。

一、球队成员

1. 足球教练员

足球教练员是组建足球队的重要元素,足球教练员是指在运动训练中直接负责培养和训练运动员的人员。足球教练员对运动员的思想、身体、技术等要全面负责,需具有专项运动的理论知识和较高的技术水平,掌握先进的教学和训练方法,通过一系列有方向性、有策略性的执教过程,洞察运动员的心智模式,向内挖掘其潜能,向外发现其可能性,令运动员有效达到训练目标。

(1) 教练员的任务:①拟订训练计划;②负责挑选队员,了解队员情况;③执行训练事宜(包含体能、技术、战术、规则);④考核队员成绩(淘汰、增补);⑤加强队员生活管理(队员因特别情况请假,由教练核准);⑥协调训练器材、场地事宜;⑦负责报名参加比赛事宜;⑧了解队员之间的关系,关爱身边的每一名队员。

(2) 训练的内容:①体能训练,包括速度训练、耐力训练、力量训练和协调性训练;②技术训练,包括基本动作训练、攻防训练和跑位;③战术训练,包括进攻战术和防守战术。

2. 足球运动员

足球运动员是足球队组建的核心,一般的足球队是规模在20～30人之间的团体,其中包括前锋、中场、后卫和守门员。足球运动员一般具有较好的身体素质和灵活的大脑,是能够将足球教练员的专业知识和技战术思想通过各种形式展现出来的个体。足球运动员的任务包括:

(1) 自觉学习有关足球知识,积极参加球队训练,努力提高自身的足球技术水平。

(2) 参与球队召开的各类会议,积极参加球队组织的训练、比赛等活动。

(3) 自觉遵守球队纪律,执行球队的决定,服从教练分配,积极完成球队交给的各项工作。

(4) 队员必须服从球队的管理,维护球队的团结和统一。

3. 后勤服务人员

足球队组建过程中,后勤服务人员是不可或缺的因素。后勤服务人员是指球

队中除了运动员、教练员之外为足球队做出服务的人员,其主要任务包括联系足球队比赛、协调足球队内部关系、负责足球队外出比赛的各种保障等。

二、组队的注意事项

开展青少年校园足球活动也是素质教育的重要内容,通过参与足球运动,培养学生团队协作精神和吃苦耐劳的品质,从中体验到足球运动的快乐和身心健康,使素质教育更加富有成效。针对上述要求,在组建足球队时应该遵循如下几项原则。

1. 立足于促进学生的全面发展

我国中小学学校的基本功能是教书育人,也是对受教育者实施德育、智育、体育、美育以及劳动技术教育的重要场所。校园足球的发展之路是让足球回归校园,旨在以校园为载体,以育人为本,以普及为重,促进学生的身心健康全面发展。

2. 着眼于学生的身体素质发展

我国学生的身体素质指标已持续下降多年,增强学生体质是学校体育和校园足球的重任。组建校园足球队、开展课余训练,应着眼于提高学生的身体素质水平和运动能力,为他们的终身体育和幸福生活奠定坚实基础。

3. 积极开展并参加运动竞赛

足球是一项同场对抗的竞技项目,竞赛是重要的提高对抗能力和竞技能力的桥梁与手段,通过比赛的形式,吸引更多的学生参与足球运动,并通过竞赛选拔出有天赋的足球苗子,为我国的足球事业做出应有的贡献。

4. 推动学校体育发展

推动学校体育深入发展,促进校园足球快速发展,为开展学校班级足球联赛培养骨干力量。加强校际体育交流,发展学校体育特色,拓宽学生升学渠道。

5. 培养足球后备人才

提高足球技战术水平,为高一级学校培养足球后备人才。增强学生的意志品质,激发其足球运动兴趣,培养团队合作精神。开发学生的足球天赋,进一步加深其对足球运动的热情,为他们以后进行更高水平的足球训练打下基础。

6. 创建学校体育特色

不断提高学生的身体素质和运动能力,增强学校足球竞技实力,促进球队稳步发展，努力在各级别足球比赛中取得优异成绩，创建学校体育特色。

第三节 怎样组建学校足球队

一、组队的任务

根据现阶段的实际情况，组建校园足球队一般担负两种任务。

1. 为推动校园足球普及发展组建球队

为了促进校园足球的普及程度，提高广大学生对足球运动的兴趣，通过成立足球队的方式吸引更多学生参与足球运动，是一种普及式的组队，适合没有足球基础或足球生源、刚开始开展足球活动的学校。

2. 为提高足球水平取得良好成绩组建球队

为了参加某种比赛取得较好成绩、发现培养优秀足球苗子而组建球队，是一种选拔式的组队方式，适合有一定足球基础或足球苗子的学校。

二、设立组建机构

组建学校足球队一般应在学校主管体育工作的校长领导下，由体育教研组牵头和具体负责，并由管理、教学、训练、后勤等工作人员参与，组成专门机构，统一组织安排足球队的思想品德教育、教学、训练与竞赛、学籍管理、后勤等各项工作。

三、选拔球队队员

对于足球队队员的选拔工作，可以通过体育课的观察了解，或者自愿报名后，通过技战术测试或采取选拔赛方式进行选拔。在选拔时需要获得各方面的支持和协助。把素质好、体能强、爱好足球并有一定基础、有培养前途的学生优先选入球队。与此同时，对少数酷爱足球、体质较差、技术较好但心理素质稍差的学生以及少数热爱足球、学习很好、理解能力很强但体质较差的学生，也可以把他们先吸收到足球队中来参加训练，通过训练、比赛，日常生活观察，意志品质表现，运用技术、战术的意识与能力以及思维方式和接受各项事物的能力等，进一步了解、选拔队员，教练员还可通过一定周期的训练，观察其进步幅度，分析其优势，以便进一步择优选拔。

四、学校足球队组建方案（示例）

×××学校足球队组建方案

为推动校园足球运动深入发展，强化校园足球文化建设，通过开展校园足球竞赛，引导广大学生到操场上、到阳光下、到大自然中陶冶身心，锻炼身体，促进广大学生身心健康，体魄强健，全面发展，经学校行政会研究，决定组建一支校男子足球队。足球队组建工作具体事项如下：

一、球队构成

领队：×××

教练：×××

组织协调：×××

队员20人，含队长1人。

二、足球队日常活动安排

1. 足球队日常活动由体育教研组具体负责实施。

2. 球队教练、队长负责日常训练工作。

3. 体育教研组负责协调安排训练与比赛场地。

4. 校足球队训练活动一般在课余时间进行。

5. 校足球队每周进行5次训练，竞赛期间另行安排。

三、足球队条件保障

1. 球队统一配备队服20套。

2. 球队训练所需足球20个、球网2套、五人制球门2个、标志盘、标志桶若干。

3. 凡参加正式比赛需购买意外伤害保险，准备少许创可贴、云南白药、碘酒、棉签等日常简单药品。

4. 其他训练和比赛需要的物质保障。

四、队员选拔办法

1. 通过训练、比赛、日常生活观察、意志品质表现、运用技术、战术的意识与能力、思维方式和接受各项事物的能力等,进行综合性考察选拔。

2. 通过调查父母身高,预测学生未来身高及体态和身体机能。对家长的体育史、体育爱好、健康状况等因素进行分析,判断学生是否具有发展潜质。

3. 通过身体素质和足球技术测试,考察选拔队员。身体素质和足球技术测试内容如下:

30米加速跑;20次5米折返跑;运球过杆射门(10个杆,间隔2米);一对一接球、传球、过人。

4. 球队实行动态管理,通过一段时间的训练,观察队员进步幅度和潜力表现,分析其优势特长,进一步择优选拔。

五、队员报名条件与时间

1. 报名条件

在校学生,男性,身高不限,热爱运动,爱好足球,身体健康,有足球球龄者优先。

2. 报名时间

自本方案发布之日起,一周内完成报名。

报名截止后将进行选拔赛,选拔赛的比赛方式待报名结果统计后再行决定。

六、队员待遇与基本要求

1. 每个队员配备足球运动服及装备一套。

2. 每周至少5次集中训练。

3. 队员代表学校参加校际和更高级别的足球比赛活动。

4. 队员应遵守运动纪律,服从教练安排,遵守球队规章制度。

5. 队员按时参加课余训练,无故三次不到者予以除名。

6. 队员应积极参加文化课学习,不因踢球荒废学业,保持良好的学习成绩。

第九章 训练方法示例

> **本章提要**：运动员只有熟练地掌握足球技术，才能在比赛中有目的地采取行动，正确合理地处理球，以达到战术配合的要求。本章主要介绍球感、传球、停球、运球、射门、头顶球等足球技术和个人攻防、小组攻防、整体攻防、定位球等战术训练方法，同时还介绍灵敏、速度、耐力等体能训练方法，供老师们在课余训练中参考选用。

第一节 基本技术练习方法示例

一、球性、球感练习方法示例

（一）脚部颠球练习方法

适用部位：脚背正面、脚内侧、脚外侧。
适用目标：初学者。
练习目的：队员初步认识足球，培养队员足球兴趣。
练习重点：初步认识颠球技术，感受触球部位。
练习步骤：将足球放入球网袋中，学生双手固定球网袋，让足球自由落下且不落地，运用单脚进行部位颠球，体会动作要领，单脚部位颠球次数不限，交换另一只脚重复上述练习。

方法变化:

(1) 增加单脚颠球练习次数。

(2) 由单脚部位变为双脚部位颠球。

(3) ……

(二) 单脚练习方法

适用部位:脚背正面、脚内侧、脚外侧。

适用目标:初学者。

练习目的:队员初步认识足球,培养队员足球兴趣,增加队员对球的掌控性。

练习重点:初步认识颠球技术,体会触球部位,学习基本动作要领,去掉球袋进行简单的单脚练习。

练习步骤:用手抛球,用单脚只进行部位颠球一次,随后用手接住球。重复上述练习动作,练习次数不限。

方法变化:

(1) 进行超过一次颠球。

(2) 由单脚部位颠球变为双脚部位颠球。

(三) 双脚颠球练习方法1

适用部位:脚背正面、脚内侧、脚外侧。

适用目标:初学者。

练习目的:队员简单了解足球颠球技术。

练习重点:双脚颠球中转换的节奏变化,提高颠球部位掌握的准确能力。

练习步骤:手抛球用双脚只进行部位颠球一次,随后用手接住球。重复上述练习动作,练习次数不限。

步骤变化:

(1) 增加颠球次数。

(2) 用脚将球挑起,开始颠球练习。

(四) 双脚颠球练习方法 2

适用部位:脚背正面、脚内侧、脚外侧。

适用目标:有一定基础的队员。

练习目的:提高颠球部位颠球的熟练性和技巧水平。

练习重点:击球部位准确掌握,颠球与前进的节奏把握,身体与球之间的位置关系。

练习步骤1:原地双脚交替颠球。

练习步骤2:在区域10米×10米内,队员进行自由行进间颠球。

步骤变化1:

(1) 增加颠球高低点变化。

(2) 增加多部位行进间颠球。

步骤变化2:

(1) 由行进间颠球变为途中跑颠球。

(2) 在区域内设置障碍物,如在区域10米×10米方块内每个角都放置标志桶,队员需从起点颠球依次绕过标志桶再回到起点。

(五) 双脚颠球练习方法 3

适用部位:脚背正面、脚内侧、脚外侧。

适用目标:技术较好的队员。

练习目的:巩固、提高球感。增大部位颠球的熟练程度和技巧水平,培养协作意识。

练习重点:判断球的路径,传球的力量与方向,观察队友的位置。

练习步骤:两人一组相距2米面对面站立进行原地颠传球练习。一人至少颠球5次,然后传与对方进行练习。

步骤变化:

(1) 在规定时间内减少掉球次数。

(2) 尝试多部位颠球。

(3) 行进间进行颠球练习。

（六）多部位颠球练习方法

适用部位：脚背正面、脚内侧、脚外侧、大腿、肩膀、胸部、头部。

适用目标：技术较好的队员。

练习目的：提高对球的综合控制能力，加强身体与球的结合能力。

练习重点：多部位间的衔接，掌握准确的触球位置。

练习步骤1：原地左右脚4个部位（各个部位可以相互组合，例如脚背正面、脚内侧或者脚外侧、头部等）不掉球颠球练习，可以重复触球部位顺序。

练习步骤2：原地左右脚6个部位（各个部位可以相互组合，例如脚背正面、脚内侧、脚外侧）不掉球颠球练习，可以重复触球部位顺序。

练习步骤3：原地左右脚8个部位（各个部位可以相互组合，例如脚背正面、脚内侧、脚外侧、大腿）不掉球颠球练习，可以重复触球部位顺序。

练习步骤4：原地左右脚12个部位（脚背正面、脚内侧、脚外侧、大腿正面、肩膀、胸部、头部）不掉球颠球练习，可以重复触球部位顺序。

步骤变化：

（1）增加颠球次数。

（2）不允许调整，一次性完成所有部位颠球。

（3）增加行进间颠球。

（4）个人多部位颠球变为多人配合进行。

（七）踩拉球练习方法

适用目标：所有技术水平层次的队员。

练习目的：培养队员的球性，掌握简单足球技术动作。

练习重点：技术动作的准确掌握，身体与球的协调配合。

练习步骤1：球固定在原地双脚交替踩球练习。

练习步骤2：球固定在原地，左脚脚底将球拉到右脚内侧，右脚脚掌踩停住球，再由右脚内侧将球拉回原来之前位置，由左脚脚掌踩停住球，重复练习。

练习步骤3：先由左脚脚底踩住球再过渡到脚内侧，由脚内侧推出，期间脚一直保持对球的接触做拉拨球练习，同时右脚连续原地跳动以保持平衡。右脚与左脚交替练习。

练习步骤4:用一只脚踩球同时将球向后拉,同时再用另一只脚正脚背将球向前拨出。

步骤变化:

(1)增大练习次数,加快动作频率。

(2)由原地练习改为行进间练习。

(3)增加身体轻微对抗练习。

(八)推球练习方法

适用目标:所有技术水平层次的队员。

练习目的:培养队员的球性,掌握简单足球技术动作。

练习重点:技术动作的准确掌握,身体与球的协调配合。

练习步骤1:队员原地站立,将球放在双脚之间,用脚内侧来回推球。

练习步骤2:先用双脚内侧来回推球一次,然后用推球脚的脚底将球横向拉向身体一侧,然后再继续双脚来回推球一次,接着再用第二只脚进行横拉一侧,依次反复练习。

步骤变化:

(1)增大练习次数,加快动作频率。

(2)由原地练习改为行进间练习。

(3)增加身体轻微对抗练习。

二、传球技术练习方法示例

(一)传地滚球练习1

适用部位:脚背正面、脚内侧、脚外侧、脚背内侧。

适用目标:初学者。

练习目的:建立队员的传球概念,学习掌握不同脚法的传球技术。

练习重点:触球部位掌握的准确性,传球的质量,与队友的配合默契程度。

练习步骤1:两人一组,一人脚踩球,一人对着球助跑进行踢固定球练习。

练习步骤2：两人一组，平行站立，相距5~8米间进行行进间传球，行进至前方10~15米处返回，继续重复传球练习。

练习步骤3：3~6名队员相距5~8米相对站立进行迎面传地滚球，传球队员传完球跑向对面队伍后面。

步骤变化：

（1）增加传球距离。

（2）限制触球次数。

（3）增加途中标志物，传球必须通过标志物区域。

（二）传地滚球练习2

适用部位：脚背正面、脚内侧、脚外侧、脚背内侧。

适用目标：有一定基础的队员。

练习目的：提高传球技术的准确性，发展学生的身体灵敏性和协调性，团队配合意识。

练习重点：触球部位准确，踝关节紧张。

练习步骤1：分组练习，每组成员6~8名，距离6~8米进行传球练习，在一次传球后，向两侧拉伸空挡，对面传球给空挡队员，进行二次传球（2过1配合）。

练习步骤2：在区域10米×10米的正方形区域四角分别放入标志桶，每个标志桶分派3~4名队员，按顺时针进行传球，要求在标志桶侧停球转身，然后进行传球练习。

步骤变化：

（1）增加传球距离。

（2）限制触球次数。

（3）练习1与练习2相结合。

（三）传高空球练习1

适用部位：脚背正面、脚内侧、脚外侧、脚背内侧。

练习步骤：在20米×30米区域内用1米高的挡板将区域分开，队员两人一组，分别站立在挡板区域两边，每次传球都要越过挡板。

步骤变化：

(1) 增加练习距离。

(2) 增加挡板高度。

(3) 尝试用非惯用脚进行传球。

（四）传高空球练习 2

适用部位：脚背正面、脚内侧、脚外侧、脚背内侧。

练习步骤：队员距离 25 米远处，画出半径为 5 米、3 米、1 米的圆，3 个圆共用一圆心，队员需要在 25 米远处用传高空球的技术将球踢入圆心内，每个圆区域规定可以获得不同的分值。

步骤变化：

(1) 增加练习距离。

(2) 球由静止变为滚动中传高空球。

三、停球技术练习方法示例

（一）停地滚球练习 1

适用部位：脚背正面、脚内侧、脚外侧、脚背内侧。

练习步骤：3～6 名队员相距 5～8 米处相对站立，然后在 5～8 米区域外再用标志桶放置一个 1 米×1 米的区域，接着队员进行迎面传地滚球，传球队员传完球跑向对面队伍后面，接球队员必须在标志桶区域内停住球。

步骤变化：

(1) 左右脚停球。

(2) 缩短停球时间。

（二）停地滚球练习 2

适用部位：脚背正面、脚内侧、脚外侧、脚背内侧。

练习步骤 1：3 人一组纵向站立，各自相距 5 米。两边队员给中间队员传球，中间队员先向左接球，然后选择合理部位做出停球转身动作，然后传球给右侧队友，依次重复练习。

练习步骤2：在区域内随意摆置6个球门，两人一组，在区域外随便站立队员，区域内1分钟停传球练习，但是要求必须将球在球门穿过，不管是停球还是传球。

步骤变化：

(1)增加防守人进行身体对抗下停球转身。

(2)减少停球时间。

(三)停高空球练习1

适用部位：脚背正面、脚内侧、脚外侧、脚背内侧、胸部、大腿正面。

练习步骤：由3个队员组成一组，队员位于15米×15米的区域内，用合理触球部位控制来球，3人站立成三角形，两人持球。用手或者用脚将球依次传在空中，其中一人判断落点，用任何部位进行停球。

步骤变化：

(1)停球后控制球不能超过区域内。

(2)增加身体对抗后停球。

(四)停高空球练习2

适用部位：脚背正面、脚内侧、脚外侧、脚背内侧、胸部、大腿正面。

练习步骤：在30米×30米的区域内，用1米宽的挡板放置中间将区域分成两个小型区域，每个区域内共10人，每5人一组进行全场抢球，每组率先传够6脚，必须用长传球传入另一个区域内，另一区域内队员停住足球的得1分。

步骤变化：

(1)规定每个人控球脚数。

(2)增加对抗时间。

四、运球技术练习方法示例

(一)运球练习方法1

适用部位：脚背正面、脚内侧、脚外侧。

练习步骤1:两人一组,在长2米的距离内听教练员口令进行前后左右带球。

练习步骤2:4人一组,在规定的正方形区域内,四角放置标志桶,4人分别从4个角开始顺时针带球,进行追逐带球比赛,率先运球一圈者练习结束。

练习步骤3:8对8+1自由人,在区域内进行有进攻方向的运球、传接球。由一方进行进攻,运球突破,将球运过对方底线可得1分。

步骤变化:

(1)增加完成时间。

(2)增加人数进行追逐。

(二)运球练习方法2

适用部位:脚背正面、脚内侧、脚外侧。

练习步骤1:在正方形区域4个角放置标志桶,中间放置一标志桶。每个角站立人数相等,当教练员口令发出,每组一人同时向中心标志桶运球,到标志桶处运用合理触球部位运球转身,然后快速将球带回传给同组下一个人,下一名队员接球后完成相同练习,直到一组所有人完成,训练结束。

步骤变化:

(1)增加带球距离。

(2)增加中间运球障碍物。

五、射门技术练习方法示例

练习1:单脚左右拨球后射门

训练场地:在15米×15米球场内设置球门,面对球门5～10米处设置射门点,在射门点左右两侧距离3米处摆放标志桶。

训练流程:队员在教练员发出口令后,在射门点处依次进行单脚左右拨球后射门练习,未取得进球的队员要求将球捡回来重新进行射门,待全队队员通过后进入下一个射门点进行练习。

练习2:双脚带球交替拉球射门

训练场地:在15米×15米球场内设置球门,面对球门5～10米处设置射门点,在射门点左右两侧距离3米处摆放标志桶。

训练流程：队员在教练员发出口令后，在射门点处依次进行双脚交替拉球后射门练习，未取得进球的队员要求将球捡回来重新进行射门，待全队队员通过后进入下一个射门点进行练习。

练习3：双脚交替内外侧拨球射门

训练场地：在15米×15米球场内设置球门，面对球门5～10米处设置射门点，在射门点左右两侧距离3米处摆放标志桶。

训练流程：队员在教练员发出口令后，在射门点处依次进行双脚交替内外侧拨球后射门练习，未取得进球的队员要求将球捡回来重新进行射门，待全队队员通过后进入下一个射门点进行练习。

练习4：双人配合门前地滚球横传射门

训练场地：在15米×15米球场内设置球门，罚球区外3米处放置标志桶。

训练流程：两人一组，在距离标志桶5米处，经教练员口令开始，两人进行行进间横传球，在标志桶处两人进行2过1配合，然后行驶至罚球区内进行射门练习。

（二）脚背外侧射门

练习1：双脚左右拉球射门

训练场地：在15米×15米球场内设置球门，面对球门5～10米处设置射门点，在射门点左右两侧距离3米处摆放标志桶。

训练流程：队员在教练员发出口令后，在射门点处依次进行双脚左右拉球射门练习，未取得进球的队员要求将球捡回来重新进行射门，待全队队员通过后进入下一个射门点进行练习。

练习2：定点射门练习1

训练场地：在15米×15米的区域内进行练习，面对球门横向3米处一个标志桶分别设置射门点。

训练流程：队员在教练员发出口令后进行射门练习，未取得进球的队员要求将球捡回来重新进行射门，待全队队员通过后进入下一个射门点进行练习。

练习3：4对4＋2攻守射门

训练场地：在20米×20米的球场内将球场分成两个半场，在每个半场内设置一个球门。

训练流程:4人一组,每半场2个队员,在进行进攻的一方时,另一半场的队员可以越过半场参与进攻,任何角度射门,防守方的另外两人不能越过中线直至对方进攻结束。

(三)脚背正面射门

练习1:定点射门练习

训练场地:15米×15米的区域内进行练习,将队员分成两队,每名队员各持一球,在场地一侧摆放2个球门,在两球门中心点延长线上3米、5米、7米、9米、11米摆放标志桶。

训练流程:队员在教练员发出口令后依次进行射门练习,未取得进球的队员要求将球捡回来重新进行射门,待全队队员通过后进入下一个射门点进行练习。

练习2:传跑射门练习

训练场地:在同年龄组比赛中所使用的标准足球场一侧球门进行训练。将队员平均分成两组,分别站在球门的左右两侧,其中一组队员每人一球。在球门前9米的位置摆放一个标志桶,安排球队的守门员守门。

训练流程:

(1)未持球组的队员注意从球门底线中速跑向标志盘,绕标志盘后,持球组队员将球向跑动队员传出。

(2)跑动队员调整身位后,不做停顿,直接起脚射门。完成射门之后马上将球拾回,排到本队末尾,持球组也随即更换下一名传球者。待一组队员全部完成射门后,两队交换角色。

练习3:运球传射练习

训练场地:在同年龄组比赛中所使用的标准足球场一侧球门进行训练。队员分成两队,每名队员持一球。安排一名守门员守门及一名教练员站在接球的位置为进攻队员传球,队员接球后完成射门。

训练流程:

(1)左右两侧进攻队员依次向球门发动进攻。进攻队员S形绕过场地上所摆放的标志桶后,将球传给站在接应点传球的教练员。

(2)教练员接球后将球向进攻方跑动的方向传出,进攻队员跟上完成射门后立刻捡球站到另一队队尾。

练习 4：对抗射门练习

训练场地：在 20 米×20 米的区域内进行此练习。将场地的两端分别设置为队员出发的起始点和球门。安排一名守门员进行守门。将所有参加训练的队员分成两组，在场地上摆放至少两种颜色的标志盘各 3 个，在距离球门 9 米的位置放 1 个足球。

训练流程：两队队员根据教练发出的口令（例如：红色），快速触摸场地内的红色标志盘后冲向球门前摆放的足球。率先触到足球的队员完成射门，没触球的队员返回队尾。

练习 5：换位传射练习

训练场地：在同年龄组比赛中所使用的标准足球场一侧球门进行训练。安排球队的守门员轮流把守球门。

训练流程：

（1）训练开始时，射门队员分成两组分别站在大禁区圆弧的两侧等待来球。

（2）处在大禁区圆弧两侧的射门队员接球后迅速进行交叉换位后完成射门。两名射门队员将球捡回并放回中线后站到队尾。两组队员作为下一轮射门队员依次进行练习。

（四）提高踢球力量的练习

练习 1：向前一步一蹲训练

训练场地：在同年龄组比赛中所使用的标准足球场一侧球门进行训练。在 20 米远处设置标志桶。

训练流程：让队员依次从起点出发，双手平举，面向正前方，每走一步在原地做一次深蹲起，手臂保持水平举起，直至 20 米终点。慢跑回起点。

练习 2：向后一步一蹲训练

训练场地：在同年龄组比赛中所使用的标准足球场一侧球门进行训练。在 20 米远处设置标志桶。

训练流程：让队员依次从起点出发，队员面向起点，双手平举，向后退一步做一个原地深蹲起，手臂保持水平举起，直至 20 米终点。慢跑回起点。

练习3：拉皮带练习

训练场地：在同年龄组比赛中所使用的标准足球场一侧球门进行训练。

训练流程：两名队员一组，一名队员固定好弹力皮带，练习队员将弹力皮带另一端放置脚踝位置，做踢球动作，左右脚各15次。队员交替练习。

练习4：原地跳标志盘练习

训练场地：在同年龄组比赛中所使用的标准足球场一侧球门进行训练。设置20米的标志桶。

训练流程：根据队员实际情况，将标志盘A、B摆放适当距离，队员原地左右脚交替由A标志盘外侧跳至B标志盘外侧。每组20次，做完后冲刺跑向20米处终点。慢跑起点。

练习5：下肢徒手躯干小肌肉群练习

训练场地：在同年龄组比赛中所使用的标准足球场一侧球门进行训练，需要两个人一组，海绵垫。

训练流程：仰卧起坐，跳起摆动并向前冲刺2～3米。

练习6：全身循环力量练习

训练场地：在同年龄组比赛中所使用的标准足球场一侧球门进行训练。需要杠铃、哑铃。

训练流程：第一站哑铃弯举15次，第二站高抬腿30秒，第三站卧推15次，第四站负重深蹲10次，第五站仰卧举腿10次，休息，然后重复上述练习。

六、头顶球技术练习方法示例

（一）头部传球技术

练习1：两人一组头球练习

训练场地：在同年龄组比赛中所使用的标准足球场一侧球门进行训练。

训练流程：两人一组，相距3～5米，一名队员手抛球，练习队员将球顶回，5次一组，队员交替训练。

练习2：两人一组自抛自顶练习

训练场地：在同年龄组比赛中所使用的标准足球场一侧球门进行训练。

训练流程:两人一组,相距3~5米,一名队员手持球,随后将球抛起,将球顶向另一名队员,两名队员交替进行。

练习3:三人一组头球练习

训练场地:在同年龄组比赛中所使用的标准足球场一侧球门进行训练。

训练流程:3人一组,一次站成排,两人拿球,一人站在中间,站在外部队员向中间队员抛球,中间队员用头把球传回去,然后转身跑向下一个队友进行头部传球练习。

练习4:头球射门练习

训练场地:在同年龄组比赛中所使用的标准足球场一侧球门进行训练。

训练流程:3人一组,在罚球区前3人分开15米处平行站立,两人站一起,一人站在相距20米处,一人靠右侧边路带球下底传中,同时中路两个队员进行包抄,无论谁都必须用头将球回传给另一个队员进行射门。

(二)头部停球技术

练习1:两人一组停球练习

训练场地:在同年龄组比赛中所使用的标准足球场一侧球门进行训练。

训练流程:两人一组,相距3~5米,一名队员手持球随后将球抛向另一名队员,另一名队员做头部停球练习。

练习2:三人一组停球练习

训练场地:在同年龄组比赛中所使用的标准足球场一侧球门进行训练。

训练流程:3人一组,依次站成排,两人持球,一人站在中间,站在外部队员向中间队员抛球,中间队员用头把球停下来然后用脚弓传回去,然后转身跑向下一个队友进行头部停球、传球练习。

(三)头部射门技术

练习1:原地头球射门练习

训练场地:在同年龄组比赛中所使用的标准足球场一侧球门进行训练。

训练流程:队员依次站在距离球门5~10米的位置,教练员从球门侧面将球扔向队员前方,队员随即做头球射门练习。

练习 2:头球比赛练习

训练场地:在同年龄组比赛中所使用的标准足球场进行训练。

训练流程:将队员分为两队,进行对抗赛,要求不能用脚踢,走三步一传球,只有用头顶进球门才算得分。

练习 3:三人一组头球抢点射门练习

训练场地:在同年龄组比赛中所使用的标准足球场一侧球门进行训练。

训练流程:3 人一组,在罚球区前 3 人分开 15 米处平行站立,两人站一起,一人站在相距 20 米处,一人靠右侧边路带球下底传中,同时中路两个队员进行包抄,无论谁都必须用头将球回传给另一个队员进行射门。

七、守门员技术练习方法示例

(一) 接地滚球技术

练习 1:原地接地滚球练习

训练场地:在训练场上使用同年龄组比赛中同样大小的球门。安排两名守门员交替练习。

训练流程:教练员在点球点附近踢地滚球,两名守门员在球门线位置交替抓球。10 次一组,做三组。

练习 2:移动中接球练习

训练场地:在训练场上使用同年龄组比赛中同样大小的球门。安排两名守门员交替练习。

训练流程:守门员背对教练员,在球门线上,横向滑步触碰一侧门柱后快速移动至另一侧门柱,教练员发出哨声并在点球点附近踢地滚球,守门员迅速转身接球。

练习 3:移动中接低平球练习

训练场地:在训练场上使用同年龄组比赛中同样大小的球门。安排两名守门员交替练习。

训练流程:守门员站在门前,和教练员(队员)相距 5 米传接低平球。教练员(队员)向球门的两个角传地滚球,守门员尝试将球接住。

练习 4:移动中接传球练习

训练场地:在20米×20米的场地内设置一个三角形区域。

训练流程:守门员沿三角形横向跨步移动,在三角形每条边外侧都有一名队员向其传低平球。守门员用正确的技术动作接球,然后用地滚球的方式将球传给队友。

(二) 接半高球技术

练习1:原地接半高球练习

训练场地:在训练场上使用同年龄组比赛中同样大小的球门。

训练流程:守门员站在门前,和教练(队员)相距5米的位置,连续接教练员踢出的半高球,10~15个球为一组。

练习2:移动中接半高球练习1

训练场地:在训练场上使用同年龄组比赛中同样大小的球门。在球门前纵向摆放标志物,安排两名守门员交替练习。

训练流程:守门员小碎步快速绕过标志锥,然后接教练员射出的半高球。10~15次为一组。

练习3:移动中接半高球练习2

训练场地:在训练场上使用同年龄组比赛中同样大小的球门。在球门前纵向摆放标志物,安排两名守门员交替练习。

训练流程:守门员站在门前,和教练(队员)相距5米传接半高球。教练员(队员)向球门的两个角传低半高球,守门员尝试将球接住。

练习4:移动中接半高球练习3

训练场地:在训练场上使用同年龄组比赛中同样大小的球门。在球门前纵向摆放标志物,安排两名守门员交替练习。

训练流程:守门员在门前折返跑摸球门柱,然后当摸到左侧门柱时,教练员传出半高球,守门员快速移动到右侧进行扑救,然后摸右侧门柱,快速移动左侧进行扑救。

(三) 凌空侧扑技术

练习1:建立侧扑技术概念训练

训练场地：在训练场上使用同年龄组比赛中同样大小的球门。球门柱前站两名教练员，安排两名守门员交替练习。

训练流程：守门员站在球门线上，横向滑步触碰一侧门柱后快速移动至另一侧门柱，然后回到球门中间，教练员用手抛出足球，守门员做凌空侧扑训练。

练习2：移动中完成侧扑技术动作练习

训练场地：在训练场上使用同年龄组比赛中同样大小的球门。在球门侧面摆放标志物。

训练流程：训练开始时，守门员要先完成前后绕桶移动，随后全速前冲到球门前。在冲刺过程中，守门员注意观察教练员踢来的球，做出快速扑救动作。

练习3：强化侧扑技术动作练习

训练场地：在训练场上使用同年龄组比赛中同样大小的球门。

训练流程：守门员站在门前，和教练员（队员）相距10米。教练员（队员）向球门的两个斜角传空中球，守门员尝试侧凌空将球接住。

（四）手抛地滚球技术

练习1：原地手抛球练习

训练场地：在训练场上使用同年龄组比赛中同样大小的球门。

训练流程：守门员站在门前，和教练员（队员）相距5~10米。教练员依次提出地滚球、半高球，守门员接住球后迅速用手抛地滚球传给教练员，2分钟一组。

练习2：移动中手抛球练习

训练场地：在训练场上使用同年龄组比赛中同样大小的球门。

训练流程：守门员坐在地上，教练员负责用地滚球在守门员两侧快速传球，守门员需要做出快速反应，当抱住球时，站起将球抛出。

练习3：强化提高手抛球练习

训练场地：在篮球场进行。

训练流程：守门员站在篮球场中圈，尝试用双手或单手将球抛入篮筐，提高手抛球准确程度与高度。

第二节 基本战术与体能练习方法示例

一、个人防守战术练习方法示例

(一) 1 对 1 攻防战术

在 1 对 1 的时候,第一要务就是不让球被抢走。如果丢球,主导权就会转移到对手身上。当情况对自己有利,自己认为可以突破防线的时候,就可以尝试 1 对 1 带球过人。

任何位置的队员都有机会面临 1 对 1 的情况。当然不同的位置着重的方向也会不同,例如有的位置着重护球,有的位置则需要带球过人。总之 1 对 1 的能力可以说是足球运动员的基本能力,每个人都必须认真学习。

练习注意事项:
(1) 不要低着头。
(2) 边移动边正确地控制球。
(3) 根据不同的情况决定第一次触球的方式。
(4) 观察对手的举动,改变带球的方式。

练习 1:简单的 1 对 1 练习

练习方法:
(1) 在规定区域内,教练员安排进攻、防守各一名队员进入。
(2) 由教练员传球,防守者迅速上前设法把球抢走。如果可以的话就把球截走。
(3) 进攻队员必须设法不让球被防守队员破坏,在 1 对 1 的情况下设法射门。
(4) 进攻结束后,换下一组进行。

提高练习:防守队员的开始位置可以根据防守需要进行调整,而进攻队员必须适应防守队员从各个位置进行抢截,从而提高练习效果。

练习 2:三球门区的 1 对 1

练习方法:

(1) 利用标志盘摆出 3 个宽约 1~2 米的球门,进攻、防守各派一名队员入场。

(2) 首先由进攻者将球传给教练员,教练员进行回传球后,进攻和防守队员同时起动追球。

(3) 进攻队员必须观察防守队员位置,迅速将球带往最容易进球的球门。

(4) 进攻结束后,换下一组进行。

提高练习:教练员在回传球的时候,可以尝试不同的球路,例如高球、半高球以及地滚球等。

(二) 1 对 1 防守战术

防守的目的就是把球抢下来。球朝着对手滚过去的时候、对手接到球的时候、对手踢出球的时候都有很多抢球机会。能不能把握住那一瞬间的机会是防守的关键所在。还有,就算被对手带球突破后也要毫不气馁地继续追赶,要有不放弃的精神。就算没有一下把球抢下来,只要贴着对手,不断制造压力,这种防守上的执着精神也是至关重要的。

练习注意事项:

(1) 学会防守的基本姿势。

(2) 拿捏双方距离。

(3) 选择合适的位置。

(4) 把铲球当作最后手段。

练习 1:简单 1 对 1 防守

练习方法:

(1) 在指定区域内,进攻和防守各进入一名队员。

(2) 有教练员在旁提供练习用球。

(3) 防守队员迅速向前选择合适位置进行防守。

(4) 进攻一方带球越过底线即为得分,而防守队员抢断一次则得 1 分。

(5) 得分或出界换下一组进行。

练习要求:教练员应观察防守队员是否能以正确的防守姿势来阻挡进攻队员的带球。原则上是站着抢球,但在必要时可以采用铲球的方式进行防守。

练习2:防守射门1对1练习

练习方法:

(1) 场地两端各放置两个标志桶作为球门,进攻和防守队员各一名进场。

(2) 由教练员提供训练用球。

(3) 进攻队员只要把球踢入标准桶内,即为得1分。而防守队员抢断后也可发动进攻,防守队员踢进1球得2分。

(4) 得分或出界换下一组进行练习。

练习要求:防守队员不单要阻挡进攻队员的运球突破,还必须阻挡进攻队员射门的角度,防止进攻队员将球踢进球门。这可以让防守队员在防守位置的选择上更为明确。

二、小组进攻战术练习方法示例

足球比赛中有很多种情况都会出现局部的进攻战术配合,能够利用这种局部性的人数差异来制造对手的破绽,这就是小组战术。当处于2对1的人数优势时,最简单的突破防守的技巧就是"撞墙式"传球,就是控球者把球传给当"墙"的队友,然后冲刺到防守者的背后,接下队友的回传球。

练习注意事项:

(1) 培养双方的默契。

(2) 保持适当的距离。

(3) 想清楚用左脚传球还是右脚传球。

(4) 改变速度节奏的变化。

练习1:简单2过1配合练习

练习方法:

(1) 在规定区域内,放置不同距离的标志桶。

(2) 带球前进,在接近标志桶的时候,把球传给队员,自己跑向标志桶的另一侧进行接应。

(3) 再次寻找下一标志桶进行下次训练。

(4) 让每个人轮流当控球者。

提高练习:此练习可以当作热身活动之一,让队员先带球绕杆运球,然后再采用"撞墙式二过一"的方式进行练习。在没有熟练时只需完成一次"二过一"即可，在熟练之后则可以要求队员绕过每个标志桶直接连续进行。

练习要求：观察队员的传球时机是否恰当，如果因为太早传球，而且接应者没有充分准备，影响传接球质量，配合容易失败。可以要求队员们采用肢体、语言方面的提示来进行。

练习2:2对2+自由人练习

练习方法：

（1）进攻队员加自由人共三人参与进攻，互相传球接应。

（2）进攻队员在传球完成后要主动往防守方身后跑，接应队员尽可能地直线传球完成配合。

（3）进攻队员射门成功以及防守队员把球断下即换下组进行。

练习要求：看清楚全场情况，不要低下头，向前接应的队员必须摆脱对手的盯防，所以应该在动作以及起跑时机上下功夫。

（一）小组防守战术练习

小组防守指的就是一名队员在进行抢球或者逼近时，为了预防队员被进攻者突破，其他队友要采用相应的措施来进行补防。

练习注意事项：

（1）选择合适的位置进行防守。

（2）防守队员在防守时要充分集中注意力。

（3）保护者要充分考虑保护队友。

（4）必要时进行双人包夹进行抢截球。

练习1:2对2的补防练习

练习方法：

（1）教练员进行传球，在规定区域内进行2对2练习。带球超越底线即为得分。

（2）进攻队员可以采用各种足球技巧来进行进攻。

（3）防守队员抢断球之后进行反击得分。

（4）在规定时间内完成，结束后换下一组进行。

提高练习：教练员在传球的过程中要注意球路的变化，可以是比较轻的传球，也可以传向防守方的身后,这样更接近于实际比赛出现的情况。

练习 2:3 对 3 的补防练习

练习方法:

(1)教练员进行传球,在规定区域内进行 3 对 3 练习。带球超越底线即为得分。

(2)防守队员抢断球之后与攻方进行交换。

(3)在规定时间内完成一次防守练习后,换下一组进行。

提高练习:虽然变为 3 对 3 的练习,但是逼近和补位的方法没有改变。3 名队员要合理进行分工,不能同时出现一起逼抢的局面,3 名队员要互相呼应,明确分工来进行防守练习。

(二)整体进攻战术

小组战术和整体战术的差别在于小组战术着重的是个人以及局部的队友怎么配合。而整体战术则是全体队员的整体作战方针。例如攻击重点放到中路还是边路,整个球队要根据自身的特点和优势来确定队伍打法。

整体进攻战术原则:

(1)整体战术是建立在局部和个人的配合能力之下完成的。

(2)在进攻过程中要注意边、中的转移和调度。

(3)在传球过程中要注意传球的合理性。

(4)经常利用边路传中球的方式来打开局面。

(三)整体防守战术

整体防守战术大都建立在区域防守,就是把整个足球场地划分不同的防守区域,由不同位置上的队员进行的区域防守战术。在防守过程中一旦进攻队员进入防守区域就要呼应相邻位置的同伴进行防守。进攻队员离开自己区域后,则结合下一防守区域的队友进行防守。

整体防守战术原则:

(1)交换盯防职责,注意局部区域。

(2)注意在区域防守与盯人防守之间的转换。

（3）不要轻易被对手摆脱，根据现状将防守职责转交给队友注意补位。

（4）注意队友间的相互交流、呼应。

（四）定位球练习方法示例（任意球）

1. 什么是直接任意球

（1）如果一名队员对对方队员做出绊摔、推搡或蹬踏的动作，被裁判员判定为错误的、鲁莽的或暴力的行为，裁判员会判给对方直接任意球。

（2）直接任意球如果直接踢进对方球门，进球有效。

（3）如果以上犯规发生在对方的禁区内，裁判会吹罚球点球。

拉拽、对对手或裁判吐唾沫、故意手球或用小臂处理球时，如果裁判认定该动作违反比赛规则时，也会判给对手直接任意球。

2. 什么是间接任意球

（1）守门员如果在本方禁区内违反以下规则时，裁判会判给对方间接任意球。

① 球在手中的持球时间超过6秒。

② 守门员将手中的球放下后，在其他队员触到球之前再次用手触球。

③ 用手接本方队员有意的回传球。

④ 用手接本方队员投掷的边线球。

（2）本方队员在违反以下规则时，裁判会判给对方间接任意球。

① 危险动作。

② 故意阻挡对方队员的跑动。

③ 由于对方队员做出了比赛规则之外的事情，对其进行警告，或由于擅自离场导致比赛中止等行为。

（3）间接任意球如果直接踢进对方球门，进球无效。此时由对方罚球门球。

（4）如果主裁判的手举过头顶，表示此球为间接任意球。

3. 踢任意球时应注意的规则

（1）对方选手在任意球罚出之前，必须保持离球9.15米的距离。但是，如果在本方禁区内被判罚了间接任意球，球门离球的距离不足9.15米时，队员需退到球门线上。

（2）如果间接任意球的犯规在小禁区内，间接任意球的位置应在离犯规地点最近的、与球门线平行的小禁区线上。

4. 罚球区前正面直接任意球和间接任意球战术

训练目标：

（1）提高直接任意球和间接任意球战术配合运用变化的合理性。

（2）提高全队配合的默契程度。

（3）提高间接任意球的成功率。

区域及器材：

（1）区域：罚球区正面罚球弧附近区域。

（2）器材：球、移动人墙。

组织方法：

（1）直接射门。

（2）一名队员用脚触及球后，由另一名队员快速跟上进行射门。

5. 罚球区侧面任意球战术练习

训练目标：

（1）提高直接任意球和间接任意球战术配合运用变化的合理性。

（2）提高全队配合的默契程度。

（3）挑选从中培养主罚任意球的优秀队员。

区域及器材：

（1）区域：罚球区正面罚球弧附近区域。

（2）器材：球、移动人墙。

组织方法：

（1）主罚队员直线传给边路快速插上的队员，由接球队员传中，中路包抄射门。

（2）主罚队员直线传给边路队员，由边路队员回传至主罚队员，沿罚球区线将球向正面或另一侧转移，利用反越位战术，在正面完成突破、射门。

先从无人防守的状态下进行演练，逐步增加防守队员的数量，直到进行双方对等人数的任意球对抗比赛练习。

（五）定位球练习方法示例（角球）

角球战术练习 1

训练目标：

（1）提高角球得分的成功率。

（2）提高全队配合的默契程度。

（3）挑选从中培养主罚角球的优秀队员。

区域及器材：

（1）区域：前场。

（2）器材：球、对抗服。

组织方法：

（1）直接长传至门前三点包抄射门。

（2）角球区短传配合，然后边路传中，门前包抄射门。

（3）角球区短传配合，摆脱防守队员后内切射门。

角球战术练习 2

训练目标：

（1）提高角球得分的成功率。

（2）提高全队配合的默契程度。

（3）挑选从中培养主罚角球的优秀队员。

区域及器材：

（1）区域：半场。

（2）器材：球、对抗服。

组织方法：采用多种变化的方式不断进行演练，压缩场地的空间限度，有意识地去创造更多的角球机会，提高角球的联系质量。

三、定位球练习方法示例（掷界外球）

（一）界外球战术练习 1

训练目标：

(1) 利用规则有效地取得进攻或射门的机会。

(2) 加强队员配合的默契程度。

区域及器材：

(1) 区域：前场边线。

(2) 器材：球、对抗服。

组织方法：

(1) 直接将球掷入前点或中点。

(2) 掷球给接应队员，接应队员用头球后蹭技术将球传至门前，同伴抢点射门。

防守注意事项：

(1) 对掷球的目标区域进行紧逼，在危险区域重点采取保护。

(2) 防守队员要注意力集中，对球的运行轨迹做出合理的预判，人球兼顾，相互保护。

（二）界外球战术练习 2

训练目标：

(1) 比赛中有效地取得进攻或射门机会。

(2) 加强队员配合的默契程度。

区域及器材：

(1) 区域：前场边线罚球区附近。

(2) 器材：球、对抗服。

组织方法：掷界外球队员在队友相互掩护交换位置后，选择寻找防守空挡较好的同伴掷球，或者长距离掷给后插上的同伴脚下，直接射门。

四、灵敏性练习方法示例

（一）灵敏性练习 1

训练目标：

(1) 提高身体上下肢运动协调能力。

(2) 提高步频及移动速度。

组织方法：

(1) 两人一组同时开始练习。

(2) 前进半高抬腿，要求步频要快，前进至标志桶横向交换循环练习。

(3) 前进侧身半高抬腿，要求步频要快，前进至标志桶横向交换循环练习。

(4) 侧滑步练习（同时向前侧滑步出发并交叉前进）。

(5) 侧滑步后退练习（同上一练习）。

（二）灵敏性练习2

训练目标：

(1) 提高脚步移动频率。

(2) 提高瞬间爆发力。

训练器材：4个相距5米的小型栏架，1个协调软梯，1个由6个标志桶组成的折线。

组织方法：

(1) 队员必须用单脚跳过小型栏架，一组左脚，一组右脚。

(2) 队员向前跑过软梯，左右交替横向移动，要求移动过程中不许空格，快速通过软梯。

(3) 队员折线快速绕过标志桶并慢跑返回。

（三）灵敏性练习3

结合球性的灵敏性练习。

训练目标：提高队员在快速运球下身体的灵活性及协调能力。

训练场地和器材：30米×10米的场地。器材：标志杆10个，标志桶若干。

组织方法：在30米的区间内，摆放10个间距不等的标志杆，队员在起点的标志桶运球出发，运球时必须绕过每一个标志杆，运球队员出发后绕到第三个标志杆时，第二名无球队员出发，跑动线路与运球队员相同，如果运球队员完成练习时没有被无球队员触及身体，即成功完成，两人交换，相反则受到"惩罚"。

要求每次完成10组练习，组间休息为1分钟。

五、速度练习方法示例

(一) 速度练习 1

训练目标：

(1) 培养队员迅速传球能力。

(2) 培养队员跳跃时的协调能力。

训练场地和器材：场地：20 米×10 米。器材：球,标志桶。

组织方法：两人一组一个球相距 5 米,白衣队员将球传给红衣队员,红衣队员接球,当白衣队员喊出红衣队员名字的时候,红衣队员把球传给白衣队员,传球后转身加速跑至 15 米外的标志杆,绕过后原位重复上述练习,重复 5 次练习后交换。

(二) 速度练习 2

训练目标：

(1) 提高反应速度和起动速度。

(2) 提高快速带球跑能力。

(3) 提高身体协调性。

训练场地和器材：场地：10 米×10 米。器材：球,标志桶。

组织方法：队员以不同起跑姿势起跑,如侧向和背向站立蹲下和俯卧撑,看到教练员信号后快速起动追逐跑,两人一组,相距 2 米,面对面站立,前面队员无球,后面队员持球,看到教练员的手势指令后,无球队员转身快速跑,争取在限制线前追上持球队员,依次轮换进行练习。

(三) 速度练习 3

训练目标：

(1) 提高运球速度。

(2) 提高结合球的加速能力。

组织方法：

(1) 队员在距球门 40 米的地方站成两队,教练员持球站在两队中间,一名守门员守门,教练员在两名队员快速起跑后传球,首先控制球的队员射门。

(2) 改变练习距离和队伍人数,以此改变练习休息的时间。

(3) 两名队员距球门 40 米处,听教练员指令完成坐下跳起的动作后,快速跑向目标球,控球队员进行射门,无球队员进行防守。如射门成功,防守队员则"受罚";如防守成功,射门队员则"受罚"。

六、专项耐力练习方法示例

(一) 练习 1

训练目标:提高有氧耐力,高强度间歇性训练。

训练场地:整场足球场。器材:球,标志桶。

组织方法:两人一组,两端罚球区线上都放置足球,听教练员哨音开始传球,再次响哨开始双方禁区攻防跑位,15 秒内跑 80 米 30 秒暂停,一共 10 组。

(二) 练习 2

训练目标:连续混氧强度练习,提高有氧耐力。

训练场地:整场足球场。器材:球,标志桶。

组织方法:带球传球和跑动,在中圈内不断跑动带球,16 秒钟时间,迅速跑出 100 码,抢到角旗杆并进行防守。负荷强度应达到 1 分钟心跳 150 次左右。

(三) 练习 3

训练目标:

(1) 提高队员的专项速度耐力。

(2) 提高队员在反复冲刺下结合球的速度耐力。

(3) 培养意志品质。

训练场地:1/4 足球场。器材:球,标志桶。

组织方法:4 对 4、5 对 5 人盯人传抢,每组练习时间 3~5 分钟,逐步加长练习时间,练习中连续传球 15 次得 1 分。

七、力量练习方法示例

(一) 发展颈部、上肢、肩背力量的练习

1. 背部夹足球接力游戏

要求：在两人背部夹球时给予抵抗力。听口令同时出发，绕过标志筒往返接力。以最短时间完成的队伍获胜。

2. 俯卧撑接运球接力

要求：俯卧撑姿势，单手或双手可撑在球上，5个一组，做完起身快速运球5米传球至对面同组队员。以最短时间完成的队伍获胜。

3. 球门横梁引体向上（给予辅助）

要求：两人一组，共两组，听教练员信号开始做引体向上，听教练员再次发出信号的时候，落地，快速转身抢球，把球踢进指定的球门。（只有一个球，踢进球门的队伍获胜）

(二) 发展腰腹力量的练习

1. 仰卧卷腹（加转体足球传递）

要求：两人一组背靠背坐立，30秒左右足球传递，脚部悬空。坚持时间最长的队伍获胜。

2. 足球平板支撑

要求：两人一组面对面做平板支撑，足球放在颈部不许掉，50秒时间，坚持时间最长的队伍获胜。

3. 跳起空中收腹头顶球

要求：两人一组，相距5～8米，一人抛球，另一人跳起空中收腹头顶球顶向指定方向。共顶10次，交换练习。

足球是教育　　足球是文化　　足球是生活

F —Faith　信念

O —Oath　誓言

O —Obligation　责任

T —Teamwork　团队

B —Bravery　勇敢

A —Ardour　激情

L —Liveliness　活力

L —Loyalty　忠诚

ISBN 978-7-5649-3118-6

9 787564 931186 >

定价: 45.00 元